AF389982

# ECLAIRCISSEMENTS

## DEMANDÉS A M. N**,

Sur ſes Principes Economiques, &
ſur ſes projets de légiſlation ;
Au nom des Propriétaires fonciers &
des Cultivateurs François.

*PAR M. l'Abbé BAUDEAU.*

1775.

E X T R A I T

DES NOUVELLES EPHEMERIDES

ECONOMIQUES.

# TABLE.

*Fin de la Table.*

*Fautes principales à corriger.*

Page 11, ligne 21, *le fils*, lisez *les fils.*

Page 12, ligne 16, *ses fruits*, lisez *les fruits.*

Page 15, ligne 6, *font les*, lisez *creusent les.*

Page 21, ligne 10, aprèz *sauvages* mettez un point, & supprimez le *que.*

Même page, ligne 12, *peut embellir*, mettez *peuvent l'embellir.*

Page 47, ligne 20, *un très grand*, ajoutez *mal.*

Page 87, ligne 19, *qu'elle ne soit procurée*, lisez *qu'il ne soit procuré.*

Page 91, ligne 5 & 6, *ne l'a pas telle*, lisez *ne l'est pas*, supprimez le mot *telle.*

Page 92, ligne 9, *que les*, lis. *que dans les.*

Page 186, ligne 5, *vêtemens*, lisez *des vêtemens.*

Page 187, ligne 11, *n'appartienne*, lisez *n'appartient.*

Page 190, ligne 11, *ces peuples*, lisez *ses peuples.*

Page 200, ligne 6, *qu'ils*, lisez *qu'elles.*

Page 207, ligne 21, *fixer*, lisez *vexer.*

Page 232, ligne 15, *moitié moins*, lisez *de moins.*

Page 233, ligne 4, *quand*, lisez *puisque.*

Page 235 , ligne 16 , *n'en retirent*, lifez *ne
retirent*.

Page 140, ligne 16 , *obfervations* , lifez
*details*.

Page 266 , ligne premiere & feconde , fup-
primez les mots *& raifonnable*.

En outre , je prie qu'on excufe les
répétitions du même mot , les négli-
gences de ftyle , & d'autres fautes qui
me feront échappées , dans un Ouvrage
qu'on m'a follicité de publier très
promptement.

# ÉCLAIRCISSEMENTS

## DEMANDÉS A M. N***,

### AU NOM

## DES PROPRIÉTAIRES FONCIERS

### ET

## DES CULTIVATEURS FRANÇOIS.

## AVANT-PROPOS.

Vous venez, Monfieur de préfenter à la Nation Françoife un nouvel écrit que l'importance du fujet, le nom de l'Auteur, & la circonftance du moment rendent intéreffant.

Après nous avoir développé vos idées générales d'économie politique ; après avoir analyfé plufieurs principes de l'adminiftration actuelle, qui vous ont paru fondés fur des etreurs très dangereufes ; vous nous propofez de remplacer , par de *nouveaux fyftêmes* , notre légiflation ancienne & moderne fur un des objets les plus effentiels du Gouvernement.

Trouvez bon que je me borne à vous demander quelques éclairciffements au nom des propriétaires & des cultivateurs du Royaume ; ils pourroient s'offenfer , non feulement de plufieurs expreffions qui vous font échappées , mais encore de vos idées politiques & de vos vues légiflatives.

L'empreffement avec lequel je m'adreffe à vous-même pour diffiper ces nuages , vous prouvera, Monfieur, combien j'ai de refpect pour vos intentions , d'eftime pour vos talents , & de confiance en votre loyauté,

# PREMIER OBJET D'ÉCLAIRCISSEMENTS.

*PRINCIPES généraux d'Economie politique , sur l'origine des sociétés policées , sur les droits de la propriété fonciere , sur la grandeur & l'utilité des avances & des travaux que font les Propriétaires & les Fermiers cultivateurs.*

QUAND je suis obligé de protester , au nom d'une partie de la Nation Françoise , contre un ouvrage aussi vanté que le vôtre , Monsieur , je dois commencer par justifier les motifs de ma réclamation : je m'acquitte de ce devoir.

Voici donc celles de vos expressions qui pourront frapper les Propriétaires

* A

fonciers du Royaume. En vous réfu-
mant vous-même à la fin de votre
Ouvrage ; en y récapitulant vos
principes ( *Conclusion, chap.* 12 ) vous
vous écriez : » En arrêtant fa penfée
» fur la fociété & fur fes rapports,
» on eft frappé d'une idée générale
» qui mérite bien d'être approfon-
» die ; c'eft que prefque routes les
» inftitutions civiles ont été faites
» pour les Propriétaires. On *eft*
» *effrayé*, en ouvrant le Code des
» Loix, de n'y découvrir par-tout
» que cette vérité. On diroit qu'un
» petit nombre d'hommes, après
» *s'être partagé* la Terre, ont fait
» des loix d'union & de garantie
» contre la multitude, comme ils
» auroient mis des abris dans les bois
» contre les bêtes fauvages . . .

Vous aviez dit précédemment
( *tome* 2. *page* 149 ) : » Il eft une
» grande vérité peu remarquée ; c'eft

» que la claſſe de la Nation qui vit
» de ſon travail, ne peut ſe reſſentir
» de la bonté du Souverain qu'autant
» que ſes bienfaits ſont momenta-
» nés, parceque toute faveur d'ar-
» gent uniforme & conſtante devient
» toujours la proie des Propriétaires.
» *Ce ſont des lions & des animaux*
» *ſans défenſe qui vivent enſemble.*
» On ne peut augmenter la part de
» ceux-ci qu'en trompant la vigi-
» lance des autres, & ne leur laiſſant
» pas le temps de s'élancer.

Et quand vous parliez ſans figures
de rhétorique ( 1. *p. c.* 25. *p.* 166 ) vous
vous demandiez à vous même au ſu-
jet du Peuple : » D'où vient ſa miſere
» dans tous les temps, dans tous les
» pays, & quelle en ſera la ſource
» éternelle ?

A quoi vous aviez répondu ſur-le-
champ : » C'eſt le pouvoir qu'ont les
» Propriétaires de ne donner en

( 4 )

» échange d'un travail qui leur eſt,
» agréable , que le plus petit ſalaire
» poſſible , c'eſt-à-dire , celui qui
» repréſente le plus ſtricte néceſ-
» ſaire.

. . . » Cet empire du Proprié-
» taire ſur l'homme ſans propriété
» ne changera jamais ; il *augmente* ,
» au contraire.

Pénétré de cette *idée générale* , qui
vous paroît une *grande vérité* , vous
avez voulu remonter juſqu'à l'origine
des droits que s'attribuent ces terribles Propriétaires , ces maîtres du
Peuple , ces lions qui s'élancent ſur
lui ; & voici le réſultat de vos médi-
tations philoſophiques. ( 1 *partie. ch.*
26. *page* 172 ).

» La propriété héréditaire eſt une
» loi des hommes ; elle fut établie
» pour leur bonheur ; & c'eſt à cette
» condition qu'elle eſt maintenue.
» Celui qui , dans l'origine des ſo-

» ciétés, mit quelques pieux autour
» du terrein, & y jetta la femence
» que la terre avoit produite d'elle-
» même dans un autre endroit,
» n'auroit jamais pu obtenir à ce feul
» titre le privilege exclufif de ce ter-
» rein pour tous fes defcendants juf-
» qu'à la fin des fiecles. Tant d'avan-
» tage ne pouvoit appartenir *à un fi*
» *petit mérite.*

Dans le noble enthoufiafme que vous infpire cette découverte, vous apoftrophez ainfi les Propriétaires ( *page* 176 ). » Votre titre de poffef-
» fion eft-il écrit dans le Ciel ?
» Avez-vous apporté votre terre
» d'une planette voifine, & pouvez-
» vous l'y rapporter ? Quelle force
» avez-vous donc que vous ne teniez
» de la fociété ? *Vous jouiffez par*
» *l'effet d'une convention générale* ...

Vous venez enfuite aux Ecrivains qui fe font déclarés les partifans des

Propriétaires & des Fermiers, tels que nous autres Economistes ; & vous nous donnez cette leçon (*page* 177).

» On défigure tout en exagérant ; » on commence par confondre l'im-» portance du propriétaire ( *fonction si facile à remplir*, dites-vous en parenthese ) » avec *l'importance de la* » *terre*, puis les desirs indéfinis de » ce Propriétaire, *qui n'intéressent* » *que lui*, avec sa satisfaction suffi-» sante, qui intéresse *la so.iété*.

C'est au premier principe de cette société que vous remontez sur-le-champ (*chap.* 27 *page* 182.) pour y trouver le fondement de tous vos axiômes.

» Les deux premiers hommes qui » se réunirent firent, par un pacte » secret, le sacrifice d'une portion » de leur liberté ; l'un d'eux quoique » le plus fort, promit à l'autre de ne

» pas fe mettre devant fon foleil, de
» ne pas jeter à la mer les fruits de
» leur chaffe quand il en auroit trop,
» de ne pas l'empêcher de manger
» lorfqu'il n'auroit plus faim, dût-il
» être incommodé par l'odeur des
» viandes. L'autre, plus foible, pro-
» mit de ramaffer le gibier, de l'ap-
» prêter, d'arranger la cabane com-
» mune.

» Ce code, d'abord bien fimple,
» devint plus compliqué à me fure que
» le nombre des hommes s'accrût.
» Mais le *principe général de leur*
» *union* refta toujours le même, & la
» Science des loix confifte à fixer les
» degrés où la liberté individuelle
» bleffe l'ordre public.

Telles font, Monfieur, les idées
philofophiques dont l'efpece d'enchaînement vous a conduit à imaginer une légiflation nouvelle. Son effet principal eft, comme vous le

dites en vingt endroits, de tempérer *la puiſſance des propriétaires*. Examinons par ordre toutes ces idées.

## N°. PREMIER.

### *Origine de la ſociété.*

Le pacte ſocial a, ſelon vous, pour premier fondement la tyrannie d'une part, & la ſervitude de l'autre. Car enfin votre homme plus fort eſt un tyran féroce, puiſqu'il ne connoît d'uſage de ſa liberté que les plaiſirs abominables d'ôter au foible ſon ſoleil, & de jeter à la mer les reſtes mêmes de ſon repas, pour l'empêcher de les manger; puiſqu'il regarde *comme un ſacrifice* le parti qu'il prend de renoncer à ſes violences, par l'eſpérance de ſe procurer un ſerviteur qui lui ramaſſe le gibier, qui lui prépare ſes aliments, & qui lui range ſa cabane.

Votre homme foible eſt un lâche eſclave, puiſqu'il reſpecte même le

( 9 )

fommeil d'un homme farouche, qui regarde comme un malheur d'être incommodé par l'odeur de fes alimens, & comme un grand bienfait de lui laiffer la vie.

Croyez vous de bonne foi, Monfieur, que l'homme naturel foit fi vil & fi barbare ? Non fans doute.

Mais d'ailleurs, j'ofe vous demander à quoi bon ces *romans* fur l'origine de la fociété, qu'on trouve dans tous les livres foi-difant philofophiques de nos jours.

„ *Quand les hommes fe réunirent en* „ *fociété* ». C'eft l'exorde bannal. On raffemble quelque part en idée plus ou moins de créatures humaines bien formées, bien penfantes, bien raifonnantes ; on leur fait faire *un pacte*, une convention fecrette ou publique, tacite ou formelle, écrite ou non écrite ; & chacun met dans ce *pacte* tout ce qu'il a dans la tête.

Mais, Monſieur, tous ces hommes ſont-ils nés ſans pere & mere ? Sont-ils nés tout auſſi grands, tout auſſi forts, tout auſſi raiſonnables que les voilà ? Permettez que j'en doute.

Vous les regardez comme les fondateurs de la premiere ſociété ; moi je les regarde comme les effets d'une autre ſociété, dans laquelle ils ont dû vivre pendant pluſieurs années.

N'eſt-ce pas dans une ſociété qu'un premier amour leur donna la vie, qu'un ſecond amour éleva leur longue enfance.

Un pere, une mere, des freres & des ſœurs, ne forment-ils dont pas en effet cette premiere ſociété que vous oubliez ? Pourquoi la triſte philoſophie de quelques publiciſtes atrabilaires veut-elle détourner nos regards de cette origine ? n'eſt-ce pas celle où nous ſommes néceſſairement rappellés par la nature ?

( 11 )

Dans cette société primitive, le pere est l'homme fort, le fils est l'homme foible ; mais le pere ne reſſemble point à votre tyran ; le fils ne reſſemble point à votre esclave.

Qui nous empêche, Monſieur, de ſuivre les progrès d'une famille unie par l'amour, animée par la confiance, & conduite par la ſageſſe ? Semblable à l'Auteur de Robinſon Cruſoé, ne pouvez-vous lui donner pour ſecond dans ſon iſle que le malheureux Vendredi ? Mettez à la place une compagne aimable & chérie ; faites croître autour d'eux une poſtérité nombreuſe & raiſonnable, vous aurez bientô: peuplé l'iſle entiere d'une ſociété fortunée. Robinſon ſera le Monarque ; étendez le territoire, partagez les tribus qui reconnoiſſent pour chef le premier fils de Cruſoé, vous aurez des Royaumes & des Empires.

Pour jouir en eſprit d'un ſpectacle

fi doux, ne divifez point les enfants, ne les arrachez point à la famille qui les vit naître, ne les difperfez point dans les bois comme les bêtes fauvages, dans le deffein de les raffembler enfuite fans raifon & fans ordre, pour leur dicter vos conventions & vos pactes arbitraires.

Si l'*inftinct varié* de prefque tous les animaux fe réduit à vivre au hafard des productions que donne la nature ; fi l'inftinct du plus petit nombre eft de conferver des aliments & de fe bâtir des retraites, celui de l'homme eft de cultiver la terre pour en multiplier fes fruits, pour affurer par eux les jouiffances qui font la propagation & le bien-être de notre efpece.

La *culture* eft parmi les êtres vivants le caractere fpécial & diftinctif de l'homme fur la terre ; c'eft par elle qu'il en eft proprement le maître.

( 13 )

Que le sage Robinson & sa fidelle moitié soient à vos yeux un couple de cultivateurs , vous ne ferez plus le roman de la nature humaine , vous en ferez l'histoire.

Doutez vous qu'ils forment *une premiere société* ces tendres époux & ces enfants chéris qui les environnent ?

Déja les premiers rameaux se réunissent , déja de nouvelles alliances vont donner l'être à d'autres rejettons ; pourquoi supposez-vous que les nouveaux époux vont prendre la fuite ; qu'ils vont courir les deserts ? Quel motif auroient-ils de renoncer aux lieux qui les ont vu naître, à la tendresse des parents qui les eleverent, à l'amitié des freres & des sœurs qui vivent encore au sein de la premiere famille ? Quels plaisirs & quels biens trouveroient ils de plus dans une vie sauvage ? Suivons cette idée, Monfieur, & bientôt vous verrez la fociété s'aggrandir ; vous verrez tous fes nœuds fe, former & fe multiplier.

## Nº. I I.

*En quoi confifte proprement la fociété.*

Comment peut-on affigner & fpécifier les vraies relations fociales? Je trouve que ce problême vous avoit paru digne de votre attention. Il eft en effet très intéreffant.

Mais, felon nous, Monfieur, c'eft le partage des fonctions, des avances & des travaux qui *conftitue la vraie fociété* parmi les hommes.

Cette idée fondamentale eft éloignée de celle que vous avez expofée ; mais peut être n'en eft elle pas moins véritable.

Tandis que les uns rempliffent les fonctions de l'*autorité*, c'eft-à-dire, de la follicitude paternelle ; qu'ils

nous inſtruiſent , qu'ils nous ju-
gent, qu'ils nous défendent , qu'ils
nous préparent de grandes commodités publiques ; les autres font des
avances foncieres, défrichent les terres , plantent les arbres , font les
foſſés , bâtiſſent les édifices ; d'autres
ſe préparent à cultiver les terres dé-
frichées; ils raſſemblent des animaux,
des outils , & des ſemences de toute
eſpece.

Ces travaux primitifs concourent à
la naiſſance des denrées qui ſervent à
la ſubſiſtance , & des matieres qui
ſervent aux ouvrages de tous les Arts ;
ils donnent les aliments , les boiſſons, la ſoie , la laine, le coton, les
peaux , les bois , & les minéraux divers.

Les manufacturiers aſſemblent les
matieres , les poliſſent, les uniſſent,
les incorporent les unes aux autres ,
les voiturent par mer ou par terre , les

tranfporrent du lieu de leur naiffance à celui de leur confommation : les Marchands les achctent pour les revendre ; les Ouvriers en font des édifices , des habits , des meubles , des bijoux.

Ceux qui furent plus heureux , plus fages , plus habiles, s'élevent en tous les genres au rang d'entrepreneurs , de Directeurs en chef des travaux divers. Ceux qui n'eurent ni la même fortune , ni la même conduite , ni la même force, ni la même induftrie, demeurent au rang fubalterne, & travaillent fous les ordres des premiers.

Voilà , Monfieur , ce qui conftitue *la fociété.* Ce n'eft pas pour lui feul que le militaire eft armé , c'eft pour tous fes compatriotes ; ce n'eft pas pour lui feul que le propriétaire a défriché , bâti , planté , c'eft pour le Soldat, le Juge , l'Adminiftrateur public.

public. C'eſt auſſi pour le manufacturier, le voiturier, le marchand &
l'ouvrier, pour eux & pour les com-
pagnons de leurs travaux.

Chacun a ſa fonction, ſon intérêt,
ſon devoir & ſon droit, ſes avances,
ſes travaux, ſon ſalaire & ſes jouiſſances

Remontez à la famille originelle,
vous trouverez que la nature elle-
même indique ce partage, & le rend
comme néceſſaire. L'inégalité de
forces, de ſanté, d'eſprit & d'énergie
morale qu'elle met entre les ſexes,
les âges & les individus, oblige le
pere commun à partager les travaux
parmi ſes nombreux enfants, à meſure qu'il voit multiplier autour de
lui ſa poſtérité.

Dans cette inégalité, ce ſeroit le
comble de la folie d'iſoler les individus, & d'exiger que chacun ſe ſuffit

à lui-même fans fecourir les autres ,
& fans en être fecouru.

Des millions d'hermites abfolument féqueftrés ; c'eft ainfi que vous
concevriez le genre humain , fi vous
admettiez cette reffemblance des
propriétés également diftribuées à
tous les hommes que vous envifagez ,
*comme la plus conforme à la félicité
publique* ( 1. part. p. 26 ).

Ces hommes ne feroient *point en
fociété* ; mais ils vivroient *tous* dans
l'état de mifere où nous gémiffons
de voir réduit un grand nombre de
nos femblables. Obligés d'acheter
par un travail affidu *le plus ftricte néceffaire.* Expofés fans ceffe aux accidents les plus terribles, & privés de
reffources dans leur malheur. Tel
feroit le fort des hommes ifolés , con-
traints de fe loger , de fe nourrir ,
de fe vêtir eux mêmes ; cette *égalité*

*des propriétés*, bien loin d'amener la *félicité publique*, ne feroit évidemment qu'une *mifere univerfelle*.

Enviez-vous le deftin d'une horde fauvage, tels qu'on nous décrit les Naturels de l'Amérique feptentrionale ? encore y trouvez-vous un commencement de fociété, c'eft-à-dire un partage de fonctions & de travaux. Les guerriers chaffent & combattent fous la conduite de leurs chefs ; les vieillards gardent la maifon, apprêtent les dards & les filets ; les femmes cultivent les jardins, font cuire les aliments, & portent les vivres aux guerriers.

Mais le mieux logé, le mieux nourri, le mieux vêtu de ces barbares ne l'eft pas auffi bien que le moindre de nos Artifans, que le dernier valet de nos baffe-cours.

Encore ne peut-il fubfifter que deux ou trois cents de ces individus réduits à ce ſtricte néceſſaire dans un eſpace auſſi grand qu'une de nos plus belles Provinces ; encore la chaſſe & la pêche de ce territoire occaſionnent-elles des guerres ſanglantes & continuelles entre ces peuplades féroces.

Laiſſons , Monſieur , laiſſons aux Poëtes & aux Rhéteurs ces peintures exagérées des plaiſirs qu'on doit goûter dans la vie ſauvage. Chaſſer & pêcher par néceſſité pour vivre au jour le jour , être expoſés à demi-nuds à toutes les influences de l'air , ou étouffés de fumée dans une cabanne infecte , avoir pour aliments des chairs , des poiſſons , ou quelques grains de maïs à demi-grillés , ſans autre aſſaiſonnement ; de l'eau pour toute boiſſon , une pagne & quelques vieilles peaux de caſtor en lambeaux pour tout vêtement , une hutte pour logement , pour lit un tas de mouſſe & de roſeaux , un collier de

verre pour parure. Quelques pipes
de tabac pour amusement , & trem-
bler sans cesse qu'un peuple voisin ne
vienne incendier vos cabannes , mettre en fuite vos guerriers , vous enchaîner avec vos femmes & vos enfants , vous brûler tout vifs , & se
nourrir de vos entrailles. Le voilà ,
ce sort merveilleux des sauvages , que
les charmes de l'éloquence ou de la
poésie peut embellir aux yeux d'un
Sybarite efféminé , que toute singu-
larité frappe , & retire pour un moment de sa langueur. Mais le dernier
de nos mendiants ne voudroit pas
changer son état pour celui-là. Son
taudis seroit un palais pour le chef
des sauvages, ses haillons une parure , & la soupe qu'on lui distri-
bue à la porte des Couvents, un repas
délicieux.

Non , Monsieur , non, ce n'est pas
à des Philosophes qu'il convient de

*calomnier la foeiété*, de vanter la vie barbare, & cette *chimérique égalité des propriétés*, qui rendroit tous les hommes étrangers à leurs femblables.

Le partage des fonctions & des travaux qui caractérife les fociétés policés, eft par lui même la fource de notre profpérité. C'eft le feul moyen d'opérer la multiplication & le bien-être de notre efpece fur la terre.

Mais dans ce partage, qu'on doit regarder comme le fondement & l'origine des *relations fociales*, il eft un centre primitif & principal, auquel tout fe rapporte. Ce font les propriétaires fonciers & les cultivateurs, leurs avances, leurs travaux & leurs fuccès.

La voilà, Monfieur, l'idée philofophique dont l'*importance* méritoit mieux de vous frapper. Permettez que je vous la développe.

( 23 )

# Nº. I I I.

*Avances , travaux , fuccès des proprié-*
*taires fonciers , & des cultivateurs ,*
*vrai point central de la fociété ,*
*vraie fource de la multiplication &*
*du bien-être des hommes fur la*
*terre.*

Vous êtes effrayé , Monfieur , que
les inftitutions civiles aient été faites
pour les propriétaires !

Que ce foit principalement pour la
garantie des propriétés foncieres , je
vous prouverai tout-à l'heure qu'il en
doit être ainfi , parcequ'elles font la
bafe de tout l'édifice focial.

Mais , Monfieur , il eft d'autres
propriétés que celles des fonds
de terre ; les loix , les inftitutions civiles doivent les garantir ,
& dans le fait , les garantiffent également.

Les *propriétés perfonnelles* ne font-elles pas inviolables ? Eſt-il permis d'aſſaſſiner, de mutiler, de maltraiter les citoyens, de les enchaîner, de les renfermer ? Les facultés corporelles, intellectuelles & morales que nous acquérons dans la ſociété ne ſont-elles pas des biens précieux & ineſtimables? N'avons nous pas la liberté d'en uſer; & s'il exiſte encore quelques reſtrictions à cette liberté, n'eſt-ce pas uniquement par le fiſc & par les réglemens dont vous vous déclarez le défenſeur.

Les *propriétés mobiliaires* ne ſont-elles pas ſous la ſauve-garde des loix & de la juſtice ? Enleve-t on impunément vos meubles, vos voitures, vos bijoux ? Force-t on votre cave, vos greniers, votre garde robe ou votre coffre fort ?

Les propriétaires fonciers & leurs fermiers ne ſont point effrayés que l'autorité tutélaire vous procure cette sûreté de vos propriétés perfonnelles & mobiliaires : pourquoi vous *ef-frayez-vous* de ce que la même autorité leur accorde celle de leurs terres & de leurs récoltes?

Quoi ! Monfieur, celui qui poffede cent mille francs en argent, en papiers, en meubles, en bijoux, peut les garder paifiblement, les dépenfer à fon gré, les tranfmettre à fes héritiers, vous voyez là de la juftice.

Mais s'il eft affez fage, affez bienfaifant pour employer ces cent mille francs à défricher une terre inculte, à bâtir, à planter, à labourer, à femer, il ne fera pas également équitable qu'il jouiffe de fon fonds & de fa récolte; qu'il en faffe jouir fa poftérité ?

N'eft ce-donc pas le prix de fes avances & de fes travaux ? A vous entendre, on feroit prefque tenté d'imaginer que vous ne le croyez pas.

C'eſt, dites-vous, *une fonction ſi facile* que celle de propriétaire, ou de cultivateur. C'eſt un *ſi petit mérite.* Les propriétaires ſe ſont *partagés la terre ;* voilà tout ; ils ne jouiſſent que *par une convention ;* ils n'ont pas *d'autres titres.*

S'il étoit vrai que vous euſſiez de telles idées, je vous propoſerois une petite expérience.

Choiſiſſez dans cette immenſité de terres abſolument incultes qui reſtent malheureuſement au milieu de toutes nos provinces, ſix ou ſept mille arpents de fonds excellents par nature ; il en exiſte pluſieurs millions de la meilleure qualité poſſible, qu'on vous donnera gratuitement, ſi vous vous obligés à y remplir cette *fonction ſi facile de propriétaire foncier.* Je puis même vous aſſurer qu'on vous ſaura gré de ce *petit mérite.*

Eſſayez donc, Monſieur, d'y faire

bâtir feulement quarante ou cinquante fermes, de chacune deux ou
trois charrues ; effayez de faire défricher, épierrer, foffoyer les fept à
huit mille arpents, & d'y faire planter les arbres néceffaires.

Raffemblez enfuite les chevaux,
les bœufs, les vaches, les moutons,
& le refte des animaux qui doivent
peupler vos cinquante baffe-cours,
les ouvriers agricoles qui doivent ex-
ploiter les cinquante domaines.

Préparés les fubfiftances provifoires
que doivent confommer en dix-huit
mois les hommes & le bétail, avec
toutes les femences néceffaires, les
meubles & les vêtements, les outils
aratoires de vos cultivateurs.

Si par hafard il vous falloit employer plus de trois millions d'argent comptant, avec beaucoup de
temps, de foins & d'intelligence,
vous changeriez probablement alors
de langage,

Non, Monfieur, une *convention*, un *partage* ne font point de propriétaires, parceque la nature abandonnée à elle-même ne fait ni prés, ni terres, ni vignes, ni vergers, mais des marais, des friches, des forêts fauvages.

Vous nous accufez de confondre ce qu'il vous plaît d'appeller l'*importance de la terre* avec les intérêts du propriétaire.

Nous ne les confondons point ; car felon nous elle eft abfolument nulle cette *importance* de la terre *en friche*, dénuée des avances du propriétaire & de celles du cultivateur.

Ce qui la rend *importante*, c'eft le *travail*, c'eft la *dépenfe* de celui qui bâtit, qui défriche & qui cultive.

Voilà *fon titre*, qui ne vient point de la *convention*, ni du partage arbitraire ; il vient de fon talent & de fon argent comme vos richeffes pécunieres.

Pourquoi ne voudriez-vous pas qu'il en jouît, comme vous jouissez des vôtres ?

Les gens de la Ville s'imaginent que la qualité de propriétaire foncier ne coûte rien, & que pour être cultivateur il suffit d'avoir des bras.

Comment pouvez-vous, Monsieur, les confirmer, pour ainsi dire, dans cette erreur, vous qui me paroissez en tout si bien instruit !

Dites-leur donc qu'il en coûte autant pour former un domaine cultivable que pour l'acheter tout formé. L'acquéreur ne fait que rembourser les avances du fondateur.

Dites-leur donc qu'il faut des avances & de très grandes avances pour être laboureur ; qu'une dépense de cinquante mille francs, est la premiere avance fonciere d'un très petit domaine, & qu'un attelier de culture de trente mille francs de premier fonds, n'eſt que l'avance d'un médiocre Laboureur.

Dites que ſi nous avions les vingt-quatre millions d'habitants que vous donnez à la France , d'après les relevés illuſoires & frauduleuſement dreſſés que vous citez en marge ( 1. *p. page* 39 ), il faudroit , pour leur ſubſiſtance & leur entretien , que les avances des cultivateurs fuſſent de plus de ſix milliards , & celles des propriétaires de plus de douze.

Eſt·ce donc un ſi petit mérite d'avoir fait ces *avances* & de les avoir *entretenues* , même dans le temps où il triomphoit , ce beau ſyſtême de Colbert , ſi vanté par d'autres & par vous-même , de ſacrifier ces propriétaires, ces cultivateurs, leur fonds & leurs récoltes a je ne ſais quel petit & miſérable intérêt mercantile dont nous verrons tout-à-l'heure la futilité.

Je dis *entretenir* ; car vous favez , Monfieur , ce qu'ils ignorent , encore les citadins occupés de leurs comptoirs & de leurs bureaux , que les richeffes du propriétaire & du cultivateur , transformées en héritages cultivables & en atteliers d'exploitation , vont fans ceffe dépériffant par l'ordre de la nature.

Il faut réparer & reconftruire les édifices , remarner les terres , récurer les foffés , replanter les vignes & les vergers; il faut réparer les inftruments aratoires , renouveller les troupeaux. Ce n'eft pas comme l'argent des Capitaliftes , qui ne s'ufe pas à fervir.

Et combien de dangers , combien de pertes n'effuient pas le propriétaire & le cultivateur ?

Si l'on difoit aux gens des Villes que la fonction la plus *facile* eft d'écrire & de chiffrer dans une boutique, dans un étude , dans un bureau , dans un comptoir ; que le *mérite* n'eft pas grand de gagner beaucoup en travaillant peu, en faifant peu d'avances, & en ne courant prefque aucun rifque ; vous auriez peut-être à vous reprocher de leur attirer cette jufte repréfaille.

Ce ne fera pas de notre part que vous entendrez de pareils reproches. Toute fonction eft bonne & utile, excepté celles qui violent & rançonnent les propriétés & les libertés des citoyens.

Mais celles des propriétaires fonciers, & celles des cultivateurs font principales & fondamentales ; c'eft là ce que je veux vous rappeller à vous, Monfieur, qui ne pouvez l'ignorer.

*Item.* Il faut vivre. Premiérement, ce font les avances, les travaux des propriétaires & des cultivateurs qui nous fourniffent toutes les fubfiftances.

*Item.*

( 33 )

*Item.* Il faut des matieres pour tous les ouvrages des arts utiles & agréables ; & c'eft encore aux propriétaires & aux cultivateurs que nous les devons, même cet or & cet argent dont vous faites un fi grand cas ( 1 *part. p.* 19 ) que vous les mettez au-deffus de tous les autres biens.

L'art de tirer les métaux du fein de la terre fait partie de la culture, comme la chaffe, la pêche & le pâturage.

Vous parlez de profpérité du genre humain, de fa multiplication & de fon bien-être, & vous excluez les propriétaires, les cultivateurs, la production totale des terres & le produit net ; c'eft le début de votre livre : je crains qu'il ne paroiffe trop fingulier.

» Les richeffes de l'Etat » dites-vous ( 1. *part. pag.* 17) » ne font » point les revenus du Souverain ;

C

» car fi ces revenus ont un rapport
» avec la fortune publique, ils en ont
» un aufli avec la fageffe ou l'impé-
» ritie de ceux qui gouvernent, &
» qui ne mefurent pas toujours les
» impôts fur les facultés de la Na-
» tion » ( mais quand ils font mefu-
rés fans impéritie ).

» Les richeffes de l'Etat, dans le
» moment où on les compare à la
» population, ne feront pas non plus
» compofées des biens qui font *effen-
» tiellement néceffaires* à cette popu-
» lation ; on ne pourra donc point
» comprendre alors fous ce nom de
» richeffes, ni la terre qui nourrit les
» hommes, ni les *avances* en outils,
» en animaux, en bâtimens, en
» denrées néceffaires pour la fe-
» mence, pour la culture. Tous ces
» genres de biens font comme partie
» abfolue de la population ; car on ne
» peut pas féparer l'homme de fa
» fubfiftance.

Je remarque d'abord ici, Monſieur, que vous les connoiſſez très bien ces *avances* des propriétaires & des culti-vateurs , qui font leur titre , ſans être deſcendues du Ciel, qui rendent leurs fonctions un peu plus *difficiles* & plus *méritoires* que vous ne faiſiez ſem-blant de le croire.

Car enfin ſi les peres de tels pro-priétaires & de tels fermiers avoient diſſipé, comme ils le pouvoient ces avances conſidérables , nous aurions encore des friches à la place des do-maines qu'ils font valoir.

Mais pourquoi les excluez-vous du culcul des richeſſes comparées avec la population ; & qu'entendez vous par cette comparaiſon ?

Les *vraies richeſſes* d'un Etat ſont les avances foncieres & les avances de la culture ; ce ſont les premieres, les plus réelles, les plus ſolides. La *popu-lation* & le *bonheur* ſont *les effets* de ces richeſſes ; & je ne ſais point ce que c'eſt qu'une prétendue comparaiſon entre la cauſe & ſon effet , alambiquée par de grands mots vuides de ſens pour faire diſparoître la cauſe.

Parlons ſimplement & ſans embâge. Voici deux pays d'égale étendue, dont le ſol eſt parfaitement le même de par la nature.

Lequel des deux ſera plus riche , & par conſéquent contiendra le plus grand nombre d'habitants vivants dans un plus grand bien-être ?

Lequel ſera plus pauvre , & par conſéquent renfermera moins d'hommes plus miſérables ?

Si l'un des deux a moins de terres en friches , s'il a beaucoup de grandes & bonnes avances foncieres , de grandes & bonnes avances, de riches cultivateurs en tous les genres de productions des trois regnes ( végétal, animal & minéral) , par conſéquent

une très grande maffe de fubfiftances,
une très grande maffe de matieres
premieres ; je dis hardiment qu'il eft
très riche, qu'il contient une population nombreufe, & que les hommes y font bien.

J'ajoute même que le Souverain y
jouit d'un grand revenu, d'une grande
force politique, fans que l'impéritie
de fes Miniftres foit obligée de fou-
ler les Peuples.

Si le fecond de ces Etats a beaucoup
de terres en friches, s'il y a peu d'a-
vances faites par les propriétaires
fonciers, peu par les cultivateurs de
tous les genres Il y a peu de récoltes,
il y a peu d'hommes, ils font malheureux; & malgré tout ce que fera le
Gouvernement, le Souverain y fera
dans la mifere & la foibleffe.

Convenez, Monfieur, qu'il falloit beaucoup d'*art* pour embrouiller
une vérité fi fimple, & pour féparer

l'idée de la richeſſe d'un Etat de celle
des avances faites par les propriétaires
& les Fermiers.

Voici donc celui qu'on vous ſoup-
çonnera d'avoir mis dans les premiers
Chapitres de votre ouvrage.

Vous ſuppoſez *des biens qui ſont
abſolument néceſſaires à une population donnée.* Vous mettez en fait
*qu'on ne peut pas ſéparer l'homme de
ſa ſubſiſtance* ( 1 par. ch. 4 ) ; & c'eſt
de là que vous partez pour effacer
d'un trait de plume du catalogue de
nos vraies richeſſes toutes les propriétés foncieres , & tous les capitaux de
la culture.

„ Ainſi, dites vous ( *ibid.* ), les
„ ſeules richeſſes qui forment une
„ puiſſance diſtincte de la popula-
„ tion , ce ſont les biens *ſurabondants*
„ de toute eſpece, qui s'amaſſent
„ dans une ſociété , & qui , ſuſcep-
„ tibles d'être échangés contre les

( 39 )

» services étrangers, peuvent aug-
» menter la force publique.

» Ces biens confiftent principale-
» ment aujourd'hui dans les matieres
» précieufes telles que l'or & l argent.

Ne craignez pas, Monfieur, que
je difcute cet éloge indirect *des Capitaliftes*, ni que j'examine avec trop
de rigueur s'il eft vrai, comme bien
d'autres l'ont dit avant vous, & le
diront peut-être encore après, que le
grand point d'un Gouvernement ha-
bile foit de laiffer remplir d une maniere quelconque un certain nombre
de coffres-forts, afin de les vuider par
des emprunts quand on veut *payer des
fervices* étrangers.

Je me borne à vous ramener, vous
& vos lecteurs, vers cette idée d'une
vraie, d'une folide richeffe qu'il ne
faut oppofer ni à la population, ni au
bonheur, puifqu'elle en eft la caufe,
& qu'ils en font les effets néceffaires.

C iv

Cette richeſſe eſt préciſément & uniquement celle que vous rejettez par
un ſophiſme. Celle des *avances* faites
par les propriétaires fonciers & par les
cultivateurs.

» Je n'en tiens pas compte » dites-
vous » parceque tous ces genres de
» biens ſont comme partie abſolue.
» de la population ; ils ſont eſſentiel-
» lement néceſſaires à cette popula-
» lation ; car on ne peut pas ſéparer
» l'homme de ſa ſubſiſtance.

Il ſeroit bien à deſirer que cette
raiſon là fût une vérité. Mais, hélas!
Monſieur, vous êtes vous-même bien
perſuadé du contraire, & vous le dites
de la maniere la plus énergique à
quinze pages de là ( *chap. 6. pag. 30* ).

» La population condamne ſans
» doute *à des privations* la claſſe in-
» duſtrieuſe des Citoyens .... Elle
» s'étend ; & en s'étendant, elle ac-
» croît d'une maniere inévitable le
» nombre des miſérables.

N'eſt-ce pas là *ſéparer peu-à-peu l'homme de ſa ſubſiſtance ?*

» Il eſt un période » ajoutez vous ( page 2 3 ) » où la population vien- » droit à ſurpaſſer la ſomme des ſub- » ſiſtances ; alors il y auroit des ſouf- » frances & des mortalités.

Il eſt vrai que votre politique bienfaiſante & conſolatrice cherche à nous raſſurer contre un ſemblable péril. » Selon vous , ce mal eſt l'effet » de la plénitude du bien ; c'eſt un » vaſe rempli qui déborde : ce genre » de malheur , eſt peu connu ſur la » terre ». Je ne puis me diſpenſer de ſoumettre ces aſſertions à votre propre examen.

## N°. IV.

*Des causes qui réduisent le Peuple à la misere, qui occasionnent des souffrances & des mortalités ; que ce mal n'est pas l'effet de la plénitude d'un bien ; que ce genre de malheur est trop commun sur la terre ; qu'il est l'effet infaillible & très commun des impôts desastreux, du régime fiscal & réglementaire ; du faste, de la déprédation & du gaspillage des Cours, qui ruinent les Cultivateurs, les Propriétaires, & le Souverain lui-même.*

Il seroit bien étrange, Monsieur, que votre esprit observateur, si fécond en remarques, eût négligé celle-ci. Fuyons les applications particulieres, bornons nous aux généralités, pour n'offenser personne.

Supposez un grand état agricole tout couvert de riches propriétés fon-

cieres, exploitées par de riches Fermiers. Suppofez que l'induftrie de
toute efpece, que les arts & le commerce y jouiffent de la plus grande
liberté, de la plus grande immunité
poffibles ; que le Souverain, content
de recevoir une portion du revenu
quitte & net des fonds de terres, em-
ploie fagement fa richeffe aux grands
travaux utiles, qui font croître fans
ceffe la force & la profpérité de fon
Empire.

Convenez que dans les détails de
ces tableaux vous concevez un grand
nombre d'hommes heureux. Le propriétaire, le cultivateur, le manufacturier le marchand, l'artifan, le
journalier feront bien logés, bien
nourris, bien vêtus, eux & leurs familles, jouiront d'une aifance honnête, tels & plus heureux encore
que les habitants des campagnes de
Hollande, de Suiffe, d'Angleterre

& de quelques-uns des cantons d'Al-
lemagne.

Placez dans cette heureuse contrée
deux ou trois générations de despotes,
enivrés d'orgueil, qui ne respirent
que la guerre, les conquêtes, les
plaisirs bruyants, les dépenses fas-
tueuses

Donnez leur pour Ministres, des
financiers impitoyables, multipliez
les taxes & les droits de toute espece,
aggravez les contraintes, joignez les
chicanes, les monopoles, les privileges exclusifs, les réglements arbitraires, aux Aides, aux Gabelles,
aux Milices, aux corvées :

Bientôt vous verrez tout le peuple
retrancher la majeure partie de ses
jouissances, & diminuer toutes les
consommations qui font le bien être
& la douceur de la vie.

Vous verrez les cultivateurs qui
feront obligés de laisser dépérir leurs

avances, les propriétaires, qui laisseront par force délabrer leurs héritages.

Cependant le Tréfor Royal fera toujours épuifé de plus en plus ; de nouveaux befoins améneront de nouvelles exactions, & ces nouvelles exactions occafionneront de nouvelles ruines.

Voilà, Monfieur, une caufe évidente & néceffaire de fouffrances & de mortalité, qui ne vient pas, comme vous le dites, de *la plénitude du bien*, mais au contraire, de *la plénitude du mal*, & qui n'eft pas rare ; mais, hélas ! malheureufement trop commune.

La ruine des fermiers & des propriétaires, en détériorant la culture, diminue les récoltes ; il naît d'année en année moins de productions ; les fubfiftances, les matieres premieres des ouvrages font tous les jours en moindre quantité.

Cependant les agents du fisc & les parprenants du gaspillage augmentent leur faste & leurs prodigalités, ainsi que les agents du négoce étranger, qui leur fournit les superfluités d'un luxe effréné, les supôts de l'agiotage usuraire, ceux de la vexation & de la chicane.

Il faut donc que le peuple des campagnes, & même celui des villes, gémisse dans la détresse, que la génération vivante soit minée par les horreurs de la misere, & qu'elle voie d'âge en âge dévorer par la faim la moitié de sa postérité.

Vous avez conçu la possibilité de ces événéments, qui *» condamnent à » des privations la moitié dé la classe » industrieuse des Citoyens »* ; mais vous avez cru qu'ils ne pouvoient avoir qu'une seule cause, *l'accroissement de la population.* Vous semblez suppofer, comme une condition tacite à tous vos raisonnemens , que la culture des fonds , que sa production totale & son produit net restent nécessairement dans le même état.

» Deux mille hommes » dites-»vous ( 1 *part. pag.* 32 ) » réduits au » plus simple nécessaire . réunissent , » s'il est permis de m'exprimer ainsi , » une plus grande quantité de bonheur que mille un peu mieux vêtus , ou plus délicatement nourris.

Je ne ferai point encore ici de commentaires sur ce passage; mais si ce n'est pas un mal *d'obliger par des systêmes* dirigez à cet effet mille citoyens de partager les aliments , les meubles, les habits qu'ils ont achetés par leur travail avec mille autres qui leur sont étrangers ; au moins seroit-ce un *mal,* mais un très grand de leur enlever en pure perte pour l'humanité , plus de la moitié des biens qui font leur subsistance.

C'eſt évidemment ce que font toujours les exactions fiſcales , & les ré-
gimes déprédateurs de la tyrannie.

C'eſt par la ruine des cultivateurs
& des propriétaires qu'ils operent
cette deſtruction.

En pourriez-vous douter , Monſieur ? Prenez la meilleure de nos
Provinces , la Flandre Françoiſe ;
donnez-vous la peine de la comparer avec le Maine , l'Anjou , le Li-
moſin , le Bourbonnois.

Dans mille lieues quarrées de ces
derniers pays , vous ne trouveriez ni
une population auſſi nombreuſe
d'hommes auſſi bien vêtus , auſſi bien
logés , auſſi bien nourris que vous
en trouveriez dans cent lieues quarrées de notre Flandre.

Voulez-vous ſavoir au vrai la cauſe
de cette différence ? Comptez le
nombre des domaines ruraux , &
comparez-les entre eux.

Je

Je dis comparez ; & dans la crainte que votre imagination, préoccupée de tant d'autres idées que vous trouve-rez *importantes* , ne vous falle oublier les objets de comparaifon , permet-tez moi de vous les fpécifier.

En Flandre , cinq à fix domaines de quatre ou cinq cents arpents , font immédiatement unis à mille & mille domaines de même ef-pece. Dans nos Provinces pau-vres , deux ou trois domaines de trente ou quarante arpents font fé-parés d'un autre par des centaines & des milliers d'arpents de terre en friche qu'occupent des brouffaillés , des landes & des bruyeres.

En Flandres , ce qu'on appelle une ferme eft un grand & vafte enfemble de folides édifices , qui comprennent toutes les commodités néceffaires aux cultivateurs, a leurs atteliers d'exploi-tation & à leurs récoltes.

D

Ce qu'on appelle une métairie dans nos Provinces pauvres, eſt compoſé de quelques chétives maſures ; le prix d'une ſeule ferme flamande paieroit, pour le moins, quinze ou vingt de ces métairies.

Les *avances foncieres* ſont en Flandre cent fois plus riches que dans les autres pays. C'eſt le premier fait que je vous exhorte à vérifier.

Quant aux *avances des cultivateurs*, c'eſt un ſecond point de comparaiſon que vous devez encore moins négliger ; un bon Fermier Flamand ne changeroit pas ſon attelier d'exploitation contre ceux de trente ou quarante métairies.

Mais auſſi, Monſieur, les cent lieues quarrées de la Flandre entretiennent un grand nombre de propriétaires, de cultivateurs & d'ouvriers de toute eſpece ; elles ſont couvertes de Villes opulentes & conſi-

( 51 )

dérables, & les Bourgs y sont immen-
ses. Vous y découvrez dans une petite
journée de chemin cinquante Vil-
lages, cinq à six grandes Cités.

Dans les autres pays, vous trouvez à peine en un grand jour trois
ou quatre hameaux, & deux petites
Villes misérables.

Un païsan, un artisan, un fermier,
un manufacturier flamand consom-
ment pour leur bien être, plus que
le triple & le quadruple d'une famille
de cultivateurs & de propriétaires Li-
mosins.

Ce n'est pas tout, Monsieur, &
pour vous parler du commerce extérieur que vous aimez tant, il se boit
en Flandre beaucoup de vin de nos
Provinces intérieures & méridionales,
il s'y consomme beaucoup d'huile, de
savons, de fruits secs de Provence,
beaucoup de sels, beaucoup d'étoffes, de soieries, de confitures des

D ij

autres cantons françois. Il s'y fait un grand ufage des fucres & des caffés de nos Colonies.

Les plus belles toiles & les plus beaux camelots qui s'exportent au-dehors du Royaume, viennent de Flandre.

Voulez vous favoir comment il faudroit s'y prendre pour affimiler cette Province à celles qui nous ont fervi d'objet de comparaifon ? je gage qu'en voici le fecret le plus infaillible.

Détruifez les trois quarts des édifices ruraux, comblez les foffés, répandez les pierres dans les champs, arrachez les arbres, enlevez les marnes, ôtez aux propriétaires tous leurs capitaux.

Enlevez aux cultivateurs les trois quarts de leurs beftiaux, de leurs outils, de leurs femences, de leurs avances pécuniaires.

Quand vous aurez fait ces deux opé-
rations, augmentez encore les impôts,
les gênes , les prohibitions. Croyez-
vous qu'il y reftera la même production, le même nombre d'habitans jouif-
fant de la même aifance ? croyez-vous
qu'il fe fera la même quantité d'ouvrages dans les manufactures , le même commerce intérieur dans la Province , les mêmes échanges avec les
autres pays de France & du refte de
l'univers? Non, Monfieur , vous ne
le croyez pas.

Mais pour détourner vos yeux
d'une *fpéculation* fi affligeante , voulez-vous que nous nous donnions un
plus beau fpectacle ? Voulez-vous
peupler une de nos plus malheureufes
Provinces , la remplir d'habitants
heureux , y faire fleurir le commerce
& l'induftrie? Ce rêve eft plus confo-
lant que l'autre.

Je n'ai , Monfieur , ni votre ef-

prit, ni vos talents ; auſſi ne cherche-
rai-je la ſolution d'un pareil problême , ni dans vos principes, ni dans
leurs réſultats. Voici tout bonnement
ce que je ferois, ſi la Providence m'a-
voit donné plein pouvoir à cet effet.

Je formerois d'un coup de baguette
de grandes fermes bien bâties , entou-
rées de champs bien cultivés ; je cen-
tuplerois les *avances foncieres* de tous
les poſſeſſeurs d'héritages ; je centu-
plerois auſſi les *avances mobiliaires* ,
rurales des cultivateurs & leurs récoltes. A proportion des ſubſiſtances
& des matieres premieres que four-
niroient les terres, les vignes, les
prés, les bois , les vergers , les eaux &
les carrieres, j'y laiſſerois vivre à leur
gré les ouvriers qui naîtroient , ou qui
viendroient à mon ordre.

Ce que je ferois en un inſtant d'un
coup de ma baguette d'enchanteur ,
un régime favorable aux propriétaires

& aux cultivateurs le fait peu à peu par des progrès fucceffifs.

Le contraire, c'eft à dire, la dévaftation du fol, la dépopulation & la mifere, un régime déprédateur des campagnes l'opere de jour en jour.

*Avances des Propriétaires fonciers, avances des cultivateurs* ou chefs des exploitations productives. Voilà, Monfieur, à notre avis, la fource de la vraie, de la folide richeffe. Voilà, Monfieur, la fource d'une population nombreufe & fortunée. Voilà, Monfieur, la fource de l'opulence & de la force du Souverain.

Vos premiers Chapitres commencent par faire oublier ces grandes vérités ; on pourroit même vous foupçonner d'avoir voulu faire fuppofer le contraire.

Je crois cependant que vous êtes incapable de les contefter, & même de les ignorer.

Si je vous demande quelques éclairciffements fur ce point capital , &
fur vos idées philofophiques relati-
vement à l'origine des fociétés ; c'eft
qu'il m'a paru que votre fyftême politique en général avoit un certain enfemble , ou du moins que vous aviez
effayé de lui donner cet air de méthode & d'enchaînement , & que j'ai
cru néceffaire de vous fuivre, en pé-
nétrant jufqu'aux premieres bafes de
vos opinions.

Je vais maintenant difcuter vos principes fecondaires d'adminiftration
économique.

# SECOND OBJET
# D'ÉCLAIRCISSEMENTS.

*Maximes particulieres d'économie po-*
*litique ; fyftêmes fur ce qu'on appelle*
*Etat, bien de l'Etat, richeffe de*
*l'Etat, fur les manufactures les plus*
*recherchées, fur le comme ce exté-*
*rieur, les probibitions & les impôts.*

» Les Hommes aiment à claffer
» les opinions fous un mot de ralie-
» ment ». C'eft, Monfieur, une de
vos réflexions ( *tom.* 2. *pag.* 173 ). Je
la trouve jufte & je l'adopte.

Nous connoiffons deux fyftêmes
principaux d'adminiftration économique ; l'un eft du bon Henri IV &
de fon digne ami le fage Sully ;
l'autre eft du fameux Louis XIV &
de Colbert, furnommé le Grand comme fon Maître.

Vous vous êtes annoncé depuis

long-temps , comme le partifan, comme l'Apologifte de Colbert. Vous répétez la même déclaration dans votre nouvel Ouvrage ( 1. *part. chap.* 11. *p.* 50 ) ; tous vos premiers & vos derniers chapitres font un abrégé des principes du *Colbertifme.*

J'ai le malheur d'être, ainfi que tous les autres Economiftes , partifan de Sully. Vous pouvez me ranger au nombre de ceux qui regardent les *loix. prohibitives* & les *impôts* dont vous faites honneur à votre héros , ,, comme des inftitutions fauvages , ,, injuftes & barbares ,,. ( Ce font vos expreffions , & je fuis bien loin d'exiger qu'elles foient adoucies ). J'ajouterai de plus que ces loix font *abfurdes ;* & c'eft une vérité que je m'engage à vous prouver.

Je l'aurois déja fait depuis long-temps , quand vous publiâtes l'Eloge de Colbert. Je vous aurois entr'autres chofes *démontré par les faits ,* que ce

Miniftre , bien loin d'avoir *créé le commerce* de France, l'a *détruit* au contraire , mais bien *detruit.*

Une prohibition formelle nous empêcha dans ce temps-là d'écrire contre la mémoire & le fyftême de ce grand homme. Le liberté nous eft rendue , & je vous annonce exprès ma démonftration par les faits; vous la trouverez dans un des prochains volumes des Ephémérides ; vous y verrez auffi la preuve qu'il avoit plus que doublé tous les impôts , & qu'il laiffa le Tréfor Royal prefque auffi endetté qu'il l'avoit trouvé.

J'ai comparé l'adminiftration des finances de Louis XIV. faite par le Cardinal Mazarin ; oui, Monfieur, par le Cardinal Mazarin , avec celle de Colbert , pendant le même efpace de temps à peu-près , en obfervant cette différence que le Cardinal eût toujours la guerre , & Colbert douze ans de paix.

Vous verrez par le réfultat incon-
teftable de ce parallele , que Mazarin
ménagea beaucoup plus le peuple , &
adminiftra mieux le Tréfor Royal que
Colbert. Je crois que c'eft tout dire.

Je n'avois jamais eu le deffein de
comparer en ce point votre héros avec
le nôtre. Colbert avec Sully ? c'eût été
prendre trop d'avantage fur vous.

Je voulois le comparer avec le Cardinal de Richelieu ; mais j'ai trouvé
que le Cardinal Mazarin lui-même
pouvoit foutenir le paralelle avec
grand avantage. Vous ferez le Maître
d'examiner & de contredire.

Je me borne , quant à préfent , à ces
principes dont vous avez fait l'*analyfe* ; je vais les difcuter & leur oppofer ceux de Sully.

## N°. Premier.

*Principes de Colbert , adoptés par M. N**.*

Voici . Monsieur , l'enfemble de votre doctrine. Que faut-il pour affurer le bonheur des peuples ? Il faut de la *force*. C'eft votre chapitre fecond.

Qu'eft-ce qui fait la force ou la puiffance de l'Etat ? C'eft la matiere de votre chapitre troifieme. Vous répondez que ‟ la puiffance d'un Etat ‟ fa regle fur la grandeur de fes ‟ richeffes , mais plus encore fur le ‟ nombre de fes habitants.

Vous ajoutez que ‟ ce nombre ‟ ne peut s'accroître que par l'effet ‟ *d'une heureufe harmonie entre les* ‟ *différentes claffes de la fociété.*

Cette harmonie eft le fujet de vos chapitres fuivants , & voici comme vous l'expliquez :

Vous préfuppofez qu'il exifte une agriculture, fans faire aucune mention des avances des propriétaires & des fermiers, qui peuvent feuls la fonder, vous les aviez pour le moins oubliées.

Vous n'imaginez pas que cette agriculture puiffe être dans un état de langueur & de ruine progreffive. Tout au contraire, vous la fuppofez dans un tel état de profpérité, qu'il n'eft aucun befoin de la foulager, de l'améliorer : aucun moyen de l'étendre & de la perfectionner.

Ce pays que vous établiffez ainfi dans votre imagination, comme à fon plus haut période poffible de valeur fonciere & de cultivation : vous demandez ce qu'il faut pour lui procurer la plus grande population, & la plus grande richeffe pécuniaire poffible ? *des hommes & de l'argent ;* car c'eft, à votre avis, de ces deux

fources-là que découlent toute puiffance de l'Etat , tout bonheur des Citoyens.

Vous répondez qu'il faut des *manufactures* , des établiffements d'*induftrie*.

Vous ne dites 'pas qu'un peuple
quelconque ne peut jamais , *dans un
état naturel* , être parvenu fucceffivement à faire de grandes avances foncieres, & une riche culture , fans
avoir établi fucceffivement toutes les
manufactures & tous les travaux de
l'induftrie , qui font jouir du fruit de
leurs avances & de leurs travaux les
propriétaires & les cultivateurs.

Vous fuppofez en quelque forte le
contraire , & vous citez en preuve
deux Nations à demi-fauvages, les
Polonnois & les Barbarefques, qui
vendent beaucoup de bled aux étrangers : ce qui vous femble prouver la
profpérité de leur culture ; & qui

n'ont point d'art ni d'industrie ; ce qui vous pâroît un effet si naturel, que vous ne daignez pas en rechercher la cause.

Permettez moi de vous le dire ici en paſſant : cette Pologne, cette Barbarie que vous nous objectez ( 1 *part. page* 40 *& ailleurs* ), mériteroient un peu plus d'attention de votre part; nous y reviendrons, & vous verrez deux vérités contraires aux faits que vous ſuppoſez. La premiere, que l'agriculture eſt là dans l'état le plus miſérable : la ſeconde, que les arts y ſont abſolument & formellement proſcrits par le défaut le plus abſolu de ſûreté des propriétés perſonnelles, mobiliaires & foncieres. Cette ſûreté n'étant accordée, *par le droit local,* qu'aux ſeuls Nobles, & par *le fait* que ceux de cette claſſe, qui ſont les plus forts & les plus adroits.

Vous verriez que la liberté, que l'immunité

( 65 )

l'immunité tant reclamée par les
Economistes, y établiroient sur-le-
champ l'industrie, les manufactures,
les arts & les métiers, en même temps
que la perfection de la culture.

Mais la liberté, l'immunité de
toute industrie, jointes à celle des
cultivateurs, ne vous paroissent pas
des moyens suffisants ; ils sont *trop
simples*, & selon vous, c'est un grand
défaut que cette simplicité.

Au moyen de la liberté, le *commerce extérieur* ne seroit pas au point
de perfection que vous lui desirez. Or
ce commerce extérieur est, selon vous,
le plus important ( 1. *part. pag.* 41 ).
» C'est *le seul* qui entretienne la pros-
» périté de l'Etat, en accroissant à la
» fois sa population & sa richesse.

» La partie des manufactures natio-
» nales qu'on vend aux étrangers est
» le plus utile des échanges », ré-
pétez-vous plus bas. ( *ibid. page* 137 ).

E

En effet , tout ce qui ne fert qu'à nous alimenter, nous vêtir , nous loger, nous meubler , nous autres habitants du Royaume , eft peu de chofe , ou même rien du tout aux yeux de la politique de Colbert.

Le principal , c'eft le commerce avec l'étranger, fur-tout comme vous l'expliquez fort en détail dans le vingt-troifieme chapitre de votre premiere partie, le commerce des objets les plus recherchés, qui coûtent le plus de foin & de façons , qui valent plus d'argent, & qui font plus faciles à tranfporter.

» L'intérêt des Marchands qui
» font ce commerce extérieur s'ac-
» cordera parfaitement avec l'intérêt
» de la fociété. Dites vous enfuite
» (*page* 187), dans la plupart des
» échanges qu'ils font avec l'Etran-
» ger ; s'ils *achetent à bon marché*
» *au-dedans*, ils ne négligeront rien

» pour vendre cher au-dehors ; s'ils
» tâchent de *vendre cher au-dedans*,
» ils auront fait les mêmes efforts au-
» paravant pour acheter à bon mar-
» ché dans d'autres pays.

C'est-là, Monsieur, ce que vous appellez l'heureuse *harmonie* entre les différentes classes de la société.

C'est le sublime principe d'administration du grand Colbert.

Les prohibitions & les impôts sont, comme vous l'expliquez fort clairement (*page* 149 *& suiv.*) les inftitutions admirables qui fondent cette heureuse harmonie.

On dit donc aux propriétaires & aux cultivateurs, 1°. Vous vendrez à très bon marché les subsistances & les matieres premieres. Non seulement on vous y forcera par des prohibitions de les exporter, mais encore on affranchira de tous impôts, ou du moins on ne chargera que de

droits très modiques les denrées
simples qui viendroient de l'étranger.

Mais vous vous passerez des ouvrages manufacturés par ces mêmes étrangers, ou du moins vous les acheterez
très cher ; une prohibition absolue,
ou de bons gros impôts nous répon-
dront à cet égard de vous & des marchands frauduleux qui voudroient
vous servir.

Vous aurez, pour vous récompen-
ser de ces *privations*, le plaisir de savoir qu'il » *entre dans l'Etat* beau-
» coup des *marchandises étrangeres*
» que desirent le luxe & la vanité,
» & en outre, quarante ou cinquante
» millions d'argent destinés à satis-
» faire les vœux de l'avarice, & à
» contenter cette imagination, qui
» préfere la faculté de dépenser à la
» dépense même ( *page* 40 ).

Il y aura donc dans votre pays beaucoup d'hommes travaillants pour

fournir au luxe & à la vanité des étrangers. Ces hommes-là, vous les nourrirez, vous les vêtirez, les logerez à bon marché : c'est un article principal. Pourquoi ? C'est qu'au moyen de ce *bas prix* de leurs fubfiftances, les Marchands qui doivent porter tous ces objets aux riches étrangers, les acheteront *à bon marché*.

Or, comme ils feront de leur mieux pour les vendre cher, ils gagneront beaucoup d'argent qu'ils apporteront en France, tout à côté de vos propriétés ou de vos atteliers de culture, & encore beaucoup de curiofités & de fuperfluités étrangeres, pour eux-mêmes, pour les financiers, & pour tous ceux participeront aux revenus publics.

Ces fuperfluités-là vous donneront une bonne revanche ; car si l'on vous a forcé de vendre vos fubfiftances & vos matieres premieres à bas prix pour que les Marchands puſſent acheter à bon marché en France, ce qu'ils revendent cher aux étrangers. Vous aurez le plaiſir que les acheteurs des ſuperfluités venues des autres pays feront obligés à leur tour de les payer cher aux Marchands qui les ont eues à bon marché.

J'ai beau chercher, Monſieur, je ne trouve rien autre choſe dans votre livre pour exprimer *cette heureuſe harmonie entre les claſſes de la ſociété.*

## Nᵒ. I I.

*Injuſtice manifeſte de ces principes , qui ſont abſolument contraires aux intérêts des propriétaires & des cultivateurs , & même des ouvriers.*

Vous ne m'accuſerez pas , Monſieur , de vous attribuer à tord ces principes qui ſont très préjudiciables aux intérêts des propriétaires & des cultivateurs , ou de les exagérer. Vous

( 71 )

ètes de trop bonne foi ; mais nos Lecteurs pourroient douter, & je dois
prévenir leur scrupule, en citant vos
paroles avec la plus grande exacti-
tude.

» Montrons » dites-vous ( 1. *part.*
*chap.* 22. *page* 126 ) » l'application
» de ce principe à la question pré-
» sente.

» Supposons que les *étrangers*
» puissent fournir mille aulnes d'étoffe
» pour *mille* septiers de bled, ou
» pour une somme d'argent équiva-
» lante ; tandis qu'il en faut distri-
» buer *onze cent* aux ouvriers *natio-*
» *naux*, afin d'obtenir d'eux le même
» travail ; les consommateurs *libres*
» *dans leur choix*, profiteroient cer-
» tainement de cette différence.
» Mais la *société* sera exposée à
» perdre les habitants que cette fabri-
» cation occupoit, & que ces mille

E iv

„ feptiers fournis aux étrangers pour-
„ roient nourrir.

Et plus bas.... „ On ne dira pas fans
„ doute que fi la liberté qu'on reclame
„ détruifoit quelques manufactures,
„ les ouvriers s'appliqueroient à d'au-
„ tres ouvrages qu'on vendroit aux
„ étrangers ; & qu'ainfi la *population*
„ & la *richeffe* ne feroient pas con-
„ trariées. Ce raifonnement ne feroit
„ jufte qu'autant qu'une réciprocité
„ de commerce feroit établie, & elle
„ n'exifte pas. Sans une telle réci-
„ procité cependant, fans une con-
„ vention qui l'affure, *la France , en*
„ *aboliffant fes loix prohibitives*, ne
„ feroit que feconder la population &
„ la richeffe des autres Nations , *aux*
„ *dépens de fes propres reffources.*

On voit dans ce paffage , & dans
mille autres , que la *France* eft pour
vous toute autre chofe que les Pro-

priétaires & les cultivateurs du Royaume ; qu'un seul objet vous occupe ; c'est le commerce extérieur.

Vous êtes encore plus énergique, à mesure que vous avancez dans le développement de vos idées.

» Ce n'est pas selon vous, pour se
» prêter à tous les rafinements du
» luxe *intérieur*, que l'économie poli-
» tique doit desirer la perfection des
» *manufactures nationales* ; c'est pour
» leur assurer *la supériorité dans le*
» *commerce au-dehors* ( ibid. p. 132 ).

» Pour maintenir l'*harmonie so-*
» *ciale*, pour assurer entre tous les
» habitants d'un Royaume ces rap-
» ports si nécessaires au repos & à la
» puissance des Nations, on pourroit
» bien sans doute exiger quelques
» *légers sacrifices* de la part des *heu-*
» *reux citoyens* qui tiennent de si
» *vastes propriétés*, & qui disposent
» de tant de superflu. Assez de privi-

» leges leur font réfervés ( *pag.* 135 ).

Vous complettez , comme de raifon , cette belle théorie du commerce
étranger par celle des *impôts.*

» Ce font les droits établis aux
» frontieres du Royaume qui fup-
» pléent à l'infuffifance des principes
» généraux en économie politique ».
( Vos principes généraux font donc
infuffifants , & pour fupplément ils
ont befoin d'une maltôte. C'eft une
grande confolation pour le Peuple
auquel vous les propofez ).

» L'étude de ces droits me paroît
» fort importante » ( nous avons le
malheur de ne regarder comme importante d'autre étude que celle de
détruire ces droits là ) ; » & l'on dé-
» couvrira facilement qu'elle a de
» fréquents rapports avec les diffé-
» rentes queftions que nous avons
» parcourues ( *page* 149 ).

On le fait bien, Monfieur , que

les intérêts des Capitaliftes , des Négociants , qui font le commerce étranger , & celui des Financiers qui per-
çoivent les droits, ont en effet les
plus grands rapports avec les déduc-
tions politiques du *colbertifme*. Voici
donc fes oracles.

» Il eft des *marchandifes étrangeres*
» qu'il ne faut jamais renchérir par
» des droits d'entrées , parcequ'elles
» deviennent la matiere premiere de
» plufieurs manufactures , *objet ef-*
» *fentiel du commerce de la France*
» *avec d'autres pays*. Tels font l'or &
» l'argent, dont on fait les bijoux &
» la vaiffelle » ( pour vendre en
d'autres pays , d'autant mieux que les
propriétaires & les cultivateurs du
Royaume n'ont fûrement ni le defir
d'en amaffer, ni les moyens de les
payer), » les laines d'Efpagne dont
» on fait les draps ( fins ), les foies
» d'Efpagne & de Piémont dont on

» fait les étoffes » ( précieuses ) ;
toujours *pour en faire commerce avec*
*les pays étrangers.*

» Il y a des marchandifes étran-
» geres fur lefquelles *on a raifon de*
» *mettre un impôt* , parcequ'elles ne
» font pas néceffaires , & que cet im-
» pôt ne tombe que fur les riches ;
» de ce nombre font les *tabacs*, les
» mouffelines , les épiceries, les vins
» de liqueurs ( *page* 150 ).

» Il eft enfin des ouvrages étran-
» gers *à l'introduction defquels on doit*
» *s'oppofer formellem nt* , afin que le
» travail *national* appliqué a de pa-
» reils objets ne foit point contrarié.
» Tels font les draps ( même les plus
» groffiers, & fur-tout ceux-là ) , les
» toiles (les plus communes princi-
» palement ), les étoffes de foie , les
» galons d'or & d'argent , *& tant*
» *d'autres manufactures du même*
» *genre.*

C'eſt-à dire , en ſuivant l'analogie de vos raiſonnements , tout ce qui peut habiller , meubler , ou ſatisfaire d'une autre façon le commun des propriétaires & des cultivateurs.

» D'un autre côté , il ne faut pas
» laiſſer ſortir du Royaume les *inſ-*
» *truments des métiers ,* & les *ma-*
» *tieres premieres* qui pourroient ai-
» der les *étrangers à ſe paſſer de l'in-*
» *duſtrie françoiſe.*

Ces *matieres premieres* ſur-tout, parcequ'en permettant aux propriétaires & aux cultivateurs qui les ont fait naître par *leurs avances* & leurs peines, de les vendre librement au plus offrant & dernier enchériſſeur quelconque, ils les vendroient à trop bon prix.

» Il eſt un petit nombre de den-
» rées qu'on peut renchérir par des
» droits de ſortie , ſoit pour *modérer*
» leur exploitation & leur *culture*

( fans doute au plus grand profit des propriétaires & des cultivateurs qui les font naître ), » foit pour for- » cer les étrangers à les payer auffi » cher qu'ils y font difpofés. Tels » font *certains vins* particuliers à la » France, & recherchés dans toute » l'Europe.

C'eft aux vins de Champagne, de Bourgogne, de Languedoc & de Bordeaux que vous accordez cette petite faveur-là, de les *renchérir par des droits de fortie* ; d'autant mieux que tous les tarifs d'entrées dans les autres pays les chargent encore *d'un autre droit* très confidérable.

Oh ! pour cette fois-là, Monfieur, vous êtes bien affuré de ne pas manquer votre coup ; c'eft un excellent moyen d'en *modérer l'exportation & la culture.*

Refte à favoir fi les propriétaires des vignes, fi les vignerons & leurs

( 79 )

ouvriers doivent ou non vous favoir
gré de cette modération. Permettez
que j'en doute.

Mais voici votre grand, votre fu-
blime principe, le réfumé de tout
votre fyftème économique. » Les di-
» verfes productions de l'induftrie
» nationale doivent être affranchies
» de tout droit de fortie, *parceque*
» *c'eft le commerce qu'il faut le plus*
» *favorifer.*

Malgré la réfolution où je fuis de
réferver pour une troifieme partie vos
idées légiflatives fur le commerce des
grains, je ne puis m'empêcher d'expliquer ici par vos propres termes,
» La liaifon effentielle & néceffaire
» qu'elles ont dans le *fyft* me du col-
» bertifine, avec celles qui concer-
» nent les impôts.

» Au refte, dites vous ( *pag.* 124),
» il n'eft pas indifférent de remarquer
» ici que les obftacles mis à la libre

» exportation des grains , & les loix
» prohibitives à l'entrée du Royau-
» me, *dérivent du même principe.*
» Ces précautions ont également pour
» terme l'encouragement du travail
» *national* ( des manufactures , dont
les ouvrages font deftinés aux étrangers ).

Pour quelle raifon ? Parceque » les
» inftitutions qui entretiennent à un
» taux modéré le prix de la main-
» d'œuvre, & qui accroiffent & di-
» verfifient l'induftrie nationale, font
» la meilleure, & la moins difpen-
» dieufe des fauve-gardes contre la
» concurrence étrangere.

J'ofe croire déformais que je ne
ferai point fufpect d'altérer vos principes. Tâchons de les difcuter.

Nous avons une efpece de tic,
nous autres Econômiftes, c'eft de
commencer toujours par examiner ce
qui

qui eſt *juſte*, avant de rechercher ce
qui peut être *expédient*.

Vous faites ſemblant de ne pas ai-
mer cette marche là ; vous reclamez
dans votre introduction & dans votre
concluſion, au nom du *Peuple*, ce
que vous appellez l'*humanité* ( tom. 1.
pag. 6. tom 2. pag. 170 - 171 ) , vous
allez juſqu'à mettre dans la bouche
d'*une claſſe de citoyens*, ( que vous
dites être la plus nombreuſe, & pour
laquelle vous ſoutenez que les loix
n'ont preſque rien fait encore ) , ce
diſcours pour le moins étrange :
» Que nous importent vos loix de
» propriété ? nous ne poſſédons rien ;
» vos *loix de juſtice* ? nos n'avons
» rien à défendre ; vos loix de liber-
» té ? ſi nous ne travaillons pas de-
» main, nous mourrons.

Vous oubliez que les loix leur ga-
rantiſſent toutes les propriétés perſonnelles qu'ils tiennent de la nature

F

des inftitutions fociales , entr'autres
de l'éducation & des mœurs publiques. Vous oubliez qu'il n'eft permis
à perfonne de les injurier , de les
maltraiter , de les réduire à l'efcla-
vage.

Vous oubliez que les mêmes loix
leur garantiffent la liberté de *travailler à leur gré* pour vivre , & que s'il
exifte encore quelques entraves à
cette liberté générale , ces entraves
contre lefquelles nous ne ceffons de
nous récrier , en faveur de la liberté
générale & abfolue de tout travail,
de toute induftrie ; ces entraves,
dis je , font l'ouvrage de votre héros,
de Co.bert , qui , par un certain Edit
de 1673, pour un miférable petit objet
pécuniaire de deux ou trois millions,
en établiffant & multipliant les corpo-
rations, les jurandes , les formalités &
les exactions de l'apprentiffage , du
compagnonage & de la maîtrife ,

( 83 )

fit un code abſurde & barbare contre
cette précieuſe *liberté*, dont les Economiſtes n'ont jamais ceſſé, & ne
ceſſeront jamais de reclamer les
droits.

Pourquoi faites vous dire *au plus
grand nombre des citoyens* : nous ne
*poſſédons rien.* Leurs habits, leurs
meubles, leurs effets, leur argent,
leurs contrats, ne ſont-ils pas des
*poſſeſſions* que les loix leur *garan-
tiſſent.*

Ne ſont-ils pas les-maîtres de les
employer à leur gré ? S'ils vouloient
& s'ils ſavoient être propriétaires ou
cultivateurs, qui eſt-ce qui les en
empêche ?

S'ils n'ont eu ni aſſez de bonheur,
ni aſſez de conduite pour amaſſer un
capital, eſt-ce la faute des loix ? eſt-
ce la faute du Gouvernement ? eſt ce
la faute des propriétaires fonciers &
des cultivateurs ?

A qui donc en voudroient les hommes du peuple , qui adopteroient vos réclamations ?

Mais l'*humanité* , dites-vous , la *bienfaisance ?* L'humanité , Monsieur, nous la connoissons , ainsi que la bienfaisance. On donne *son* bien par humanité , on *sacrifie* une partie de sa propriété par bienfaisance.

Oui , Monsieur , mais on ne donne pas le *bien d'autrui* ; on ne sacrifie pas *la propriété des autres.* Ce seroit une plaisante maniere de faire *la charité.*

On *exhorte* à la bienfaisance ; on conseille les *traits d'humanité.* Mais les *loix* ne peuvent , ni ne doivent les ordonner.

C'est une singuliere *harmonie* , une étrange espece de *société* que celle où les *uns perdent* toujours pour faire *gagner les autres.* C'est exactement la fable du lion & de sa chasse.

Permettez que je réponde enfin au

nom de ces propriétaires & de ces cultivateurs, que vous prétendez forcer à des *privations* éternelles.

Vous voulez que nous vendions *toujours* au plus bas prix les subsistances & les matieres premieres qui font les fruits de nos avances & de nos peines ? Vous voulez que nous achetions *toujours* au plus cher possible tous les ouvrages manufacturés, dont nous pouvons avoir besoin, en prohibant, avec un soin particulier, la concurrence des manufactures & des marchands étrangers, ou du moins en chargeant de gros droits d'entrée les objets qu'ils pourroient nous fournir.

Pourquoi ? Pour favoriser, dites-vous *le commerce des ouvrages précieux que l'industrie* (prétendue) *nationale* vend *aux étrangers*.

Mais dites-nous d'abord pour qui vous travaillez ? Ce n'est pas pour les *simples ouvriers* employés à ce commerce. Votre politique a pour but *de les multiplier*, en les réduisant *au plus stricte neceffaire* ; parcequ'il en résulte deux avantages pour le commerce extérieur , favoir fon aggrandiffement & fa fauve garde contre la *concurrence des étrangers*, qui voudroient vendre , ainfi que vous , des ouvrages de leur induftrie.

Un plus grand nombre d'ouvriers employés aux travaux de ce genre en occafionneroit *une plus grande exportation* ; car c'eft celle là que vous prétendez accroître , fans *modération* ; c'eft celle de nos vins , de nos huiles, de nos fels que vous voulez *modérer*, ainfi que leur production & leur *culture.*

Outre cet accroiffement général du *commerce extérieur d'induftrie* , qui vous paroît un objet principal ; la multiplication de la claffe des ouvriers procure encore le *bon marché de la main-d'œuvre*. Ce grand reſſort univerſel de votre économie colbertiſte.

Je me garderai bien d'expoſer moi-même quelle eſt votre ſollicitude & votre tendreſſe bienfaiſante à l'egard de ces ouvriers ; je vais tranſcrire fidélement ce que vous penſez *ſur le bonheur des hommes qui vivent de leur travail.*

» Nous venons d'obſerver » ce ſont vos propres termes ( 1. *part. pag. 30 au bas, & 31* ) » que c'eſt par leur » *nombre* & leur rivalité qu'ils n'ob- » tiennent pour récompenſe que le » plus étroit néceſſaire.

» L'accroiſſement de la population » ( qui, ſelon vous, eſt l'objet le plus deſirable du Gouvernement, pourvu qu'elle ne ſoit procurée qu'à l'effet d'augmenter le commerce extérieur des manufactures les plus recher- chées ) » condamne ſa s doute à des

» privations la classe industrieuse des
» citoyens ; mais l'impétueux attrait
»  que la nature a mis entre les sexes,
» & l'amour qu'elle leur inspire pour
» les fruits de leur union, sont la
» cause de la multiplication des
» hommes sur la terre. Ces senti-
» ments dominent le pauvre comme
» le riche, aucune loi ne peut s'y
» opposer ; & si elle étoit possible,
» elle seroit barbare. Tout être sen-
» sible aime mieux partager du pain
» avec sa compagne & ses enfants,
» que de vivre seul d'aliments plus
» variés. C'est ainsi que la population
» s'étend ; & en s'étendant, *elle ac-*
» *croît d'une maniere inévitable* le
» nombre des *misérables.*

Ici, Monsieur, je vous arrête, pour
vous demander à vous-même justice
de vous-même.

Après avoir indiqué si clairement
la source *inévitable*, selon vous, de

la misere des ouvriers ; pourquoi
donc en cherchez-vous une autre
toute différente dans votre chapitre
vingt-cinquieme , qui roule expressé-
ment sur cet objet.

» D'où vient la misere du peuple
» dans tous les temps, qu'elle en sera
» la source éternelle ?

» C'est le pouvoir qu'ont les pro-
» priétaires de ne donner en échange
» d'un travail qui leur est agréable
» que le plus petit salaire possible ,
» c'est à-dire , celui qui représente
» le plus étroit nécessaire.

C'est-là ce que vous appellez , *pag.*
167 ) » l'empire du propriétaire sur
» l'homme sans propriété.

Quelle relation peuvent donc avoir
les propriétaires *nationaux* avec les
ouvriers de l'industrie qui fournit
les ouvrages *vendus à l'étranger ?*

Suivant que vous l'observez vous-
même , après qu'on aura réduit les

( 90 )

propriétaires & les cultivateurs à leur
vendre les matieres premieres & les
subsistances au plus bas prix possible ;
il arrivera que leurs familles se mul-
tiplieront , *& l'accroissement de la po-
p lation* ( qui , selon vous , est le plus
grand bien ) , *condamnera cette classe
industrieuse à des privations* ; elle s'é-
tendra , comme vous dites *(pag.* 31 ) ;
& en s'étendant , *elle accroîtra d'une
maniere inévitable le nombre des misérables.*

Vous l'envisagez très philosophi-
quement cette misere des simples ouvriers de votre classe industrieuse ; il
faut encore de toute nécessité que je
vous copie.

  » Nous ne nous méprenons pas
» cependant sur *cette indigence* ; les
» calculs de la nature sont plus
» grands que les nôtres : gardons-
» nous de la calomnier trop légé-
» rement. Elle abandonne aux loix

» & aux paſſions des hommes la diſ-
» tribution des richeſſes ". ( Les
loix ne diſtribuent point les richeſſes,
elles en aſſurent la *poſſeſſion légitime*;
& celle qui vient des paſſions ne l'a
pas telle ). » Mais celle du bonheur
» eſt reſtée entre ſes mains. Elle n'eſt
» pas fondée ſur la variété des mets
» & la délicateſſe des vêtemens;
» elle n'a point *mis en Communauté*
» tous les plaiſirs » (eſt-ce que vous
croyez qu'elle a mis en Communauté
les biens & le travail qui les donne,
ou même les effets mobiliers &
l'argent comptant ? Non, vous ne le
croyez pas. ) » qu'elle a voulu répar-
» tir à l'eſpece humaine; elle eut
» donné trop d'empire aux puiſſants
» de la terre; ils peuvent, par la
» *concurrence* » ( effet infaillible de la
multiplication naturelle & néceſſaire
que vous deſirez comme un bien)
» réduire l'homme de travail à n'a-

» voir que du pain pour récompenfe ;
» mais ils ne peuvent lui enlever ni
» ces befoins renaiffants qui donnent
» la faveur au plus fimple aliment,
» ni cette foif ardente qui l'appelle
» avec plaifir auprès d'une fontaine »
( La *faim* & la *foif* qui font le bonheur ; c'eft une *idée neuve*, & qui ne
pourroit éclore ailleurs que lés cer-
cles brillants de Paris. Nous croyons,
nous autres gens fimples, que le *bonheur* confifte, non pas précifément *à
avoir faim*, & peu ou point d'aliments
groffiers pour fe raffafier ; mais au
contraire, à prendre un frugal, mais
bon repas. ), » ni ce fommeil qui dé-
» laffe doucement fon corps fatigué
( fur de la paille, ou fur un miférable grabat ), » ni le fpectacle
» de la nature qui le réjouit à fon
» réveil » ( car un Journalier, qui
craint le Collecteur, ou la cor-
vée, ou la milice, & qui n'a pour

vivre que fon travail , s'amufe beaucoup le matin à contempler le fpectacle de la nature ) » ni ce mouve-
» ment qui le *diftrait* ». Qui le diftrait ? Eh de quoi ? Ne diroit-on
pas qu'il s'agit d'une promenade à
pied aux Tuileries , ou en carroffe
aux boulevards ? Les pauvres ouvriers n'ont pas befoin d'être diftraits),
» ni cette curiofité qui l'agite »
(quelle curiofité, s'il vous plaît ?
Hélas! Monfieur, les pauvres ouvriers de la ville & de la campagne ne
font ni curieux , ni agités ) , » ni ce
» fang embrafé , délice des fens,
» ni cette efpérance enfin qui co-
» lore l'avenir , adoucit le préfent &
» releve le courage. Tous ces plaifirs
» de la vie ne *font pas au pouvoir de
» la propriété civile ;* c'eft le *bien* du
» pauvre autant que du *riche.*

Relifez, Monfieur , de fang froid
cette efpece d'églogue , vous trouve-

rez , j'efpere , qu'elle feroit char-
mante en vers , & qu'elle amuferoit
quelques minutes les fallons ou les
boudoirs.

Mais en philofophie , mais en politique , Monfieur , eft ce affez ref-
pecter la mifere , que de vanter
ainfi fes charmes & fes délices ?

„ Sous cet afpect „ ( ajoutez-vous
tout de fuite ) „ deux mille hommes
„ téduits au ftricte néceffaire , réu-
„ niffent , s'il m'eft permis de m'ex-
„ primer ainfi , *une plu grande quan-*
„ *tité* de bonheur que mille hommes
„ un peu mieux vêtus , ou plus dé-
„ licatement nourris. Telle eft fans
„ doute la vue *bienfaifante* de la na-
„ ture , lorfqu'elle entraîne les hom-
„ mes vers *l'accroiffement de l'efpece*
„ *humaine.*

Trouvez-vous , Monfieur , cette
fpéculation bien confolante ?

Pour accroître dans le Royaume

cette population travaillante aux ouvrages d'induſtrie pour l'uſage *des
étrangers* , il y auroit un moyen très
efficace.

Ce ſeroit, Monſieur , d'appeller
tous *les pauvres ouvriers* des quatre
parties du monde , & de leur diſtri-
buer les trois quarts des revenus de
tous les riches capitaliſtes Financiers,
Négociants & Juſticiers de la Capitale & des Provinces.

Ces milliers d'Ouvriers devenus
*nationaux*, à votre mode , pourroient
donner leurs ouvrages à bien *bon marché* , s'ils étoient ainſi nourris gratis.

Croyez-vous que ce fût une belle
conſolation de dire à ceux qu'on dé-
pouilleroit , vous êtes réduits au
ſtricte néceſſaire ; mais il y a dans le
Royaume *une plus grande quantité de
bonheur* , puiſqu'il s'y trouve pluſieurs milliers de nouveaux habitants ,
qui jouiſſent , comme vous, de la

*faim*, de la *soif*, & de *tous les au-*
*tres plaisirs de la vie*, *qui ne font pas*
*au pouvoir de la propriété civile.*

Un cenfeur mifantrope vous accu-
feroit peut être de manquer d'égards
pour les pauvres dans cette belle ti-
rade poétique. Je fuis perfuadé que
vous l'avez faite d'imagination feulement, fans que le cœur & la réflexion
y euffent la moindre part.

Mais je ne puis vous paffer l'inat-
tention avec laquelle vous y calom-
niez *la nature même.*

Oui, Monfieur, » elle entraîne
» fans ceffe les hommes vers l'accroif-
» fement de l'efpece humaine »;
mais ce n'eft pas comme vous le dites,
» en accroiffant d'une maniere iné-
» vitable le nombre des miférables ».

La nature, quand elle n'eft pas
contrariée par les erreurs deftructives
des hommes, les entraîne fans ceffe
vers la perfection de la culture premiérement,

miérement, & des autres arts enfuite.
Cette perfection multiplie les fub-
fiftançes & les matieres premieres ;
& *alors* l'efpece humaine s'accroît
fans accroître le nombre des mifé-
rables : au contraire, en accroiffant le
nombre des heureux.

Voilà, Monfieur, une vérité réelle,
une vérité confolante, l'une des bafes
de la Science économique, dont je
vous donnerai le détail ci deffous.

Vous ne l'avez pas vue, parcequ'il
vous a plu de ne regarder qu'aux
douanes des ports & des frontieres,
pour connoître & pour apprécier les
Etats, au lieu de regarder à leurs
campagnes.

Une terre totalement fauvage,
c'eft-à-dire, *dénuée des avances* des
*Propriétaires* & de celles des *cultivateurs*, ne peut nourrir, dans l'efpace
de cinquante lieues quarrées, que
deux cents chaffeurs barbares, pau-

G

vres , misérables & dénués de tout.

Foiblement cultivée par de modiques avances de propriétaires & de cultivateurs, elle en contiendra plufieurs milliers , où le très petit nombre des plus pauvres mendiants fera mieux que les fauvages; une grande portion fera dans la médiocrité, beaucoup dans l'abondance & la richeffe.

Richement cultivée par de groffes avances, elle contiendra des millions d'habitants ; la claffe des riches y fera nombreufe ; celle de la médiocrité contiendra des milliers d'individus, & celle des pauvres mêmes y fera moins nombreufe & moins fouffrante.

La culture & fes avances multiplie donc les hommes & leur bien-être.

C'eft quand on multiplie les hommes, fans accroître auparavant la culture, & les avances, & fes pro-

duations , » que *l'accroissement de la*
» *population accroît d'une maniere*
» *inévitable le ombre des miserables.*

Mais le mal ne vient point de la
nature , il vient des erreurs qui em-
pêchent *l'accroissement progressif & la*
*perfe ion de la culture* , en ruinant ,
en décourageant les propriétaires &
les cultivateurs.

Ces erreurs destructives forment
tout le système de Colbert , dont les
deux branches capitales , également
contraires à *l'accroissement progressif*
*de la culture ,* sont les prohibitions &
les impôts.

Oui , Monsieur , les impôts & cet
article mérite une réclamation ex-
presse de ma part.

## N°. I I I.

*Apologie des impôts par M. N* * ;
examen & réfutation de cette Apologie.*

» On feroit bien étonné peut-
» être dites-vous, Monſieur, (*tom.*
*1. pag.* 163 ), » ſi l'on diſoit que les
» loix relatives aux ſubſiſtances ſont
» preſque les ſeules par leſquelles
» on peut adoucir le ſort du peuple.
» On feroit bien étonné d'apperce-
» voir qu'elles *font plus efficaces* que
» la *diminution*, que *l'exemption mê-
» me des impôts.*

» Développons cette idée, en in-
» diquant la ſource de la miſere du
» peuple.

» On diſpute ſouvent ſur les cauſes
» de l'infortu e du peuple ; les pau-
» vres en gémiſſent ſans l'étudier,
» & les *riches* » ( propriétaires & cultivateurs ; car c'eſt à ceux-là ſeuls

que vous en voulez ) » ne manquent
» jamais d'attribuer uniquement
» cette infortune à l'*excès d s impôts*,
» & croient exercer suffisamment
» leur compassion en accusant le
» Gouvernement d'ignorance & d'in-
» conduite , & en disant de temps
» en temps au coin de leur feu : ce
» pauvre peuple , comme il est me-
» né ! tandis *que sa misere est leur ou-*
» *vrage*, & l'effet inévitable de leurs
» *droits* , & de l'usage qu'ils en font.

Après avoir essayé de prouver
cette assertion , vous concluez ( *page*
169 ) » *quelle que soit la distribution*
» *des impôts*, le peuple est condam-
» né , par *l'effet des loix de propriété* ,
» à n'obtenir jamais que le néces-
» saire ....

Et votre conséquence ultérieure est
celle-ci. » La Puissance souveraine &
» législative *ne peut exercer sa bien-*



G iij

» *faisance* envers le peuple qu'en lui
» assurant du moins ce nécessaire.

. . . . . » Et tous ces soins, toutes
» ces précautions, dépendent uni-
» quement de la sagesse des loix sur
» les grains.

De bonne foi, Monsieur, vous
croyez que la *diminution*, & même
l'*exemption* des impôts les plus oné-
reux ne feroit rien du tout contre la
misere du peuple !

Vous avez au moins eu raison de
soupçonner qu'on seroit étonné de
cette assertion.

Quoi ! les ouvriers de Paris paient
treize sols le sel, qui n'en vaut qu'un
tout au plus ; ils paient 12 sols une
bouteille de vin, qui n'en vaut que 2
ou 3 ; ils surachetent plus ou moins la
viande renchérie par les entrées & par
la caisse de Poissy, qui leve 92 pour
cent d'usure sur l'argent qu'elle prête

de force aux Bouchers riches , & même fur celui qu'elle refufe de prêter
aux Bouchers pauvres ; le bois de
chauffage , paie énormément ; la chandelle eft foumife aux droits fur les
fuifs , & dans ces dernieres années ,
à un *monopole parti.ulier* très carac-
térifé : le poiffon fec ou falé vient
d'être affranchi d'un impôt de 3 ; liv.
fur cent francs. Les œufs , le beurre ,
le fromage , ces aliments du peuple ,
paient 14 liv. 6 f. 4 den. fur cent
francs de marchandife arrivant aux
halles , même fur ce qui fe gâte , &
ne peut être vendu , ou du moins ne
l'être qu'à perte. Les cuirs , les toiles,
les étoffes quelconques , l'amidon . le
papier le plus groffier , tout paie des
taxes énormes (1) ; & vous croyez

_______________

(1) Jufqu'au pain ; car les Jurés-Porteurs ,
& Mefureurs de grains , levent un impôt
fur les bleds & les farines , augmenté par la
dépenfe inutile de la garre.

que la diminution , que l'exemption même de ces droits ne foulageroit point le pauvre peuple ?

Donnez vous la peine d'examiner , & vous trouverez une de ces *vérités* réellement *importantes*, qui mérite vos attentions ; c'eft que le peuple *paie & perd* dix fois plus que le **Roi** ne *reçoit*, même en apparence ; c'eft qu'au fond le Roi *paie & perd* lui-même beaucoup plus que le montant de cette *recette fictive.*

Je viens de le démontrer dans les Nouvelles Ephémérides Economiques du mois d'Avril , fur trois impôts, la gabelle , les aides & le tabac.

Puifque vous vous déclarez l'**A**po-logifte de la Finance , c'eft à vous , Monfieur , que je *jette le gant ; l'ofez-vous ramaffer ?* Répondez à mon petit Ouvrage intitulé , *le profit du Peuple & le profit du Roi.* Ce n'eft qu'un petit livret de foxante-dix pages. J'y

( 105 )

prouve avec évidence qu'il y auroit pour le moins, tous les ans, quatre cents millions de profit pour le Peuple François, & quatre-vingt-seize de profit pour le Roi, si l'on abolissoit ces trois impôts seulement. Jugez par là ce que vaudroit l'abolition de tous les autres.

Mais les *propriétaires* & *les cultivateurs* diminueront les salaires des ouvriers *à proportion* du soulagement que procureroit l'abolition du régime fiscal. Voilà votre objection.

Je vous prie, Monsieur, d'y réfléchir un peu. Ces propriétaires, ces cultivateurs auroient entre eux à partager plus de *six cents millions de bénéfice annuel*. Oui, plus de six cents millions : vous ne prouverez jamais le contraire. Que croyez-vous qu'ils en feroient ? Vous n'imaginez pas sans doute qu'ils les enfouiroient tous au fond de leur cave pendant dix à douze ans , jufqu'à ce qu'ils euffent ramaffé fept à huit milliards de capitaux enterrés.

Je dis que vous ne l'imaginez pas formellement ; car vous pourriez le fuppofer ici *tacitement*, fans même vous en appercevoir, & je vous prouverai bientôt que vous l'avez faite *incognito*, cette fuppofition tacite, fur le produit qui réfulte du *prétendu rencheriffement des grains*.

Un Ecrivain moins circonfpect que vous l'a faite de la maniere la plus pofitive dans deux ouvrages différents, vous vous êtes contenté de l'infinuer. Nous reviendrons tout-à-l'heure à cet article.

Il n'eft pas dans la nature que tous les propriétaires & tous les cultivateurs des terres, pendant plufieurs années, enfouiffent, fans *en jouir*, fept à huit milliards.

D'autant mieux que la plus grande

partie feroit *en production* que les impôts *empéchent de naître.*

Ils voudroient , premiérement, les produire ; fecondement , les vendre ; troifiémement , profiter du bénéfice.

Mais tout cela, Monfieur , fup-pofe très évidemment qu'ils *vou-droient*, & qu'ils pourroient faire *tra-vailler plus d'ouvriers* à leurs cultures & à leurs jouiffances.

Six cents millions, à trois cents livres par tête , font l'entretien de deux millions d'ouvriers de plus.

Et ces ouvriers ayant trois cents livres par tête, ne font pas des mifé-rables réduits au pain , à l'eau & aux haillons ; ils le feroient encore moins s'il ne leur falloit payer , le pain , le vin, la viande , le poiffon , le bois, la chandelle , les vêtements , le lin-ge, &c. que leur vrai prix naturel, fans maltôte.

Quand même il furviendroit tout-à-coup dans le Royaume deux millions d'ouvriers de plus, y compris les foixante mille fuppôts des fermes générales redevenus ce qu'ils étoient, au moins feroit-ce un grand accroiffement de population nationale, par conféquent le plus grand bien poffible, felon vos idées.

Ces deux millions vivroient fur la nouvelle dépenfe des propriétaires & des fermiers, fans forcer les autres ouvriers à être *un peu plus mal nourris, un peu plus mal vêtus.*

Ce feroit donc un *accroiffement de population*, fans *accroiffement du nombre des miférables. Chofe impoffible à votre* avis, chofe très *facile au* nôtre, moyennant l'accroiffement de la culture, & fur-tout, moyennant la *fuppreffion des impôts défaftreux.*

Mais vous favez bien auffi, Monfieur, qu'il n'arrive pas tout à coup deux millions d'ouvriers dans un

( 109 )

Royaume; qu'il faut du temps &
beaucoup de temps pour les y attirer
ou les y faire naître.

Les dépenſes des propriétaires &
des cultivateurs auroient donc, au
moins pendant très long-temps, l'effet de mettre, pour ainſi dire, *le travail des ouvriers à l'enchere*, par la
concurrence de ceux qui voudroient
les employer à leur ſervice.

Vous expliquez très bien & très
longuement, dans pluſieurs endroits
de vos ouvrages, que dans le cas où
les ouvriers ſe multiplient, les dépenſes à faire par les propriétaires &
par les cultivateurs reſtant les mêmes;
alors la concurrence des ouvriers plus
nombreux, qui ſe diſputent l'ouvrage
& le ſalaire, réduit leur ſolde au plus
bas prix poſſible.

Je conviens avec vous de la vérité de cette obſervation tant répétée;
mais vous devez à votre tour conve-

nir de la vérité de la mienne, fondée fur le même principe.

Six cents millions de plus à dépenfer par les propriétaires & par les cultivateurs n'étant point fuivis tout-à-coup d'une multiplication d'ouvriers proportionnelle à cet accroiffement de dépenfes, mettroient les propriétaires & les fermiers dans le cas de s'entredifputer les ouvriers, & par conféquent d'empêcher la réduction de leurs falaires.

Confultez-les, Monfieur, ces ouvriers, ils vous diront, avec leur fimple bon fens, & dans leur langage naïf : il *fait bon* pour nous avec les riches ; il ne *fait pas bon* avec les gueux.

La fuppreffion des impôts deftructeurs, & leur transformation en une perception fimple économique du vrai revenu de la Souveraineté, rendroit plus riches, mais de beaucoup plus

( 111 )

riches nos propriétaires & nos cultivateurs; donc il *feroit beaucoup
meilleur avec eux.*

Car enfin, Monfieur, on ne peut
ni profiter de fes épargnes , ni faire
naître un accroiffement de richeffes ,
ni jouir de cet accroiffement d'une
maniere quelconque , fans augmenter le travail des ouvriers , & par conféquent leur profit.

Quand la concurrence de leurs
pratiques & l'abondance de leurs
ouvrages furvient, ils font évidemment en bénéfice pour leur bien-être ;
comme ils font en perte , felon vous-
même , lorfqu'il arrive le contraire.

Vous voyez , Monfieur , que cette
difcuffion méritoit plus de foin que
vous n'en avez mis dans votre panégy-
rique des impôts.

Entrez avec moi dans l'examen de
ce qu'ils font débourfer au peuple ,
des frais & des faux-frais qu'ils occa-

fionnent : des pertes de temps , d’ouvrages & de denrées qu’ils néceffi-
tent , & vous trouverez au vrai combien la Nation *paie* ; ce qui eft la
moindre partie, & combien elle *perd*;
ce qui eft la plus grande.

Vous trouverez , je l’efpere , auffi
clairement, combien le Souverain
*paie* des fommes qu’il a l’air de recevoir par ces impôts , & combien il
*perd*.

Vous verrez que le vuide caufé
par ces paiements & par ces pertes
ne pourroient pas être rempli fans
augmenter l’aifance des ouvriers , &
par conféquent vous en conclurez
que la *fuppreffion* , ou même la *diminution* des impôts n’eft pas auffi indifférente au peuple que vous affectez
de le dire.

Vous excuferez , Monfieur , cette
difgreffion ; je reviens à votre fyftême
pour vous propofer quelques difficultés ;

tés ; je les tirerai d'une source qui ne vous est pas suspecte, puisqu'elles feront copiées de votre Ouvrage.

## N°. I V.

*Objeâions tirées de M. N** lui-même, contre le principe fondamental du système de Colbert, adopté par M. N**.*

Tout l'artifice de votre grande & belle économie politique ne consiste, Monsieur, qu'à procurer le plus bas prix possible des subsistances & des matieres premieres aux manufactures prétendues nationales qui travaillent pour l'étranger, afin que les Négociants *prétendus nationaux* puissent les vendre, quoique avec grand profit pour eux-mêmes, à meilleur marché que les autres qui font avec eux en concurrence vis-à-vis des *étrangers consommateurs.*

Ce commerce, qu'il vous plaît de

regarder *comme le principal & le plus essentiel*, a, selon vous, deux grands effets qui vous semblent de la plus extrême importance. Le premier est d'empêcher que l'argent ne sorte de l'*Etat* ; & tout au contraire, il en fait entrer tous les ans. Le second est de fixer une plus nombreuse population dans le Royaume.

Je veux bien, pour le moment, admettre ces deux suppositions comme autant de vérités ; je me réserve néanmoins de vous prouver incessamment qu'elles sont toutes deux très illusoires.

Mais ici je me borne à rapprocher quelques-unes de vos propres observations à vous-même, qui doivent, ce me semble jeter un peu de louche sur cette doctrine.

Vous convenez formellement, avec la meilleure foi du monde, que le système d'administration par lequel on affure le bas prix des fubfiftances & des matieres premieres , oblige les propriétaires & les cultivateurs à des *facrifices de leurs droits* , & à des *privations*. Mais vous les fubjuguez , & vous tâchez de les confoler par *l'avantage de la fociété* , par la néceffi- té *du bien public*.

Etes-vous bien affuré de cet *avan- tage focial ?* Cet *argent* , cette *popu- lation* font-ils bien à la France ? En voudriez vous répo dre ? Je crois que non , & voici les motifs de mon opinion.

Les *capitaliftes* propriétaires de cet argent ; les manufacturiers & les ar- tiltes poffeffeurs de cette *induftrie recherchée*, fervant au commerce ex- térieur font-ils d'aucun pays ? Je dis d'une maniere ftable & permanente, fur laquelle puiffe compter un Gou- vernement , une Nation quelconque ?

Je n'en fuis pas encore à vous prou-

H ij

ver qu'ils n'en font pas même dans le temps où ils habitent fur le territoire, j'en fuis à vous demander fi vous êtes bien afluré qu'ils faffent réellement partie folide & conftante de l'Etat ?

Voici des réponfes faites par vous-même fur ces deux objets.

» La quantité d'argent qui s'accu-
» mule dans un pays, n'a, dites-vous,
( 1. *part. pag.* 26 ) » aucun rapport
» direct avec le bonheur. Cette in-
» troduction annuelle des métaux eft
» l'effet d'un échange *libre* » ( libre,
felon votre Dictionnaire, fignifie fujet à des prohibitions, des réglements
& des taxes ), » & le réfultat géné-
» ral du commerce. Mais fuppofons
» une Nation compofée de proprié-
» taires fans économie, *ou plus fen-*
» *fibles aux jouiffances réelles qu'à la*
» *faculté de jouir repréfentée par l'ar-*
*gent*». C'eft donc là ce que vous appellez *économie*. Nous autres, nous

l'appellerions *avarice ;* car , suivant nos idées, l'économie confiste, non pas à *théfaurifer* fans *jouir*, mais à bien entretenir, & à bien augmenter fans cefse les *avances* qui produifent un *revenu*, afin d'augmenter fes *jouiffances*. Celui qui met tous les ans une portion de fon revenu quitte & net en amélioration de fes fonds , va tous les ans en accroifsant ces mêmes revenus ; il *jouit* honnête-ment de cette augmentation , il eft un bon économe. S'il n'en vouloit *qu'à l'argent* , parcequ'il repréfente la faculté de *jouir*, il faudroit de-mander à Moliere ce qu'il eft. Mais ma digreffion devient trop longue.

» Une telle Nation ( continuez-
» vous) dépenferoit tous les ans tous
» fes revenus, & demanderoit aux
» étrangers une plus grande quantité
» de leurs productions ; elle garde-

» roit davantage des fiennes, & rece-
» vroit par conféquent moins d'ar-
» gent. Mais tous fes defirs étant fa-
» tisfaits, elle feroit également for-
» tunée.

Et pour ne pas manquer l'application, vous aviez dit un peu plus haut :
» les habitants de la France ne joui-
» roient pas moins de la renaiffance
» des fruits de la terre, lors même
» qu'il ne s'amafferoit pas chaque
» année dans le Royaume cinquante
» à foixante millions en argent mon-
» noyé, en vaiffelle & en bijoux.

» La Nation Françoife n'en feroit
» pas moins heureufe, fi les cent
» mille tonneaux de vin qu'elle vend
» aux étrangers fe confommoient
» chez elle. Ce plaifir vaudroit bien
» celui de théfaurifer les trente mil-
» lions qu'elle reçoit en échange.

Pourquoi, s'il vous plaît, vous
bornez vous à cette modefte expref-

ffon , n'en feroit *pas moins heureufe ?*
Vous pouvez dire hardiment , *feroit*
*plus heureufe.* Si la diftribution de ces
*fruits de la terre* , de ces grains , de ces
vins , de ces autres fubfiftances , &
celle des matieres premieres , reftoit
entre les mains de fes propriétaires &
de fes cultivateurs qui les font naître
par leurs avances & par leurs foins.
Si ces propriétaires , ces cultivateurs ,
maîtres d'ufer de leur bien , l'em-
ployoient avec économie , c'eft-à-
dire , une partie à étendre , enrichir,
perfectionner leurs avances foncieres
& leur culture, en payant plus d'ouvriers agricoles , & en les payant
mieux : l'autre partie , en jouiffances
utiles & agréables pour eux-mêmes ,
en payant plus , & payant mieux des
manufacturiers , des artifans , des
marchands, des voituriers , des artiftes , & des gens à talents quelconques.

H iv

Il sembleroit, Monsieur, à vous entendre ici, qu'il n'existe que deux manieres de dépenser son revenu, savoir, d'en acheter des marchandises étrangeres, ou d'en acheter de l'argent pour l'enfouir.

Il en est deux autres que vous oubliez, & c'est précisément celles qui font le bonheur des individus, la prospérité des Etats, le bien-être & la propagation de l'espece humaine sur la terre.

Revenez, Monsieur, à la famille de Robinson & de sa compagne dans leur isle ; oubliez l'argent ; c'est un conseil que vous donnez vous-même à ceux qui veulent étudier par principes les matieres économiques ( *derniere partie, page* 167 ).

Que faut il à la postérité de ces premiers cultivateurs pour être *heureuse*, & même pour être *forte* le plus qu'il soit possible ?

Il faut, Monsieur, évidemment, qu'elle ait commencé par multiplier fes avances & fes travaux ; par-là fa maffe de fubfiftances & de matieres premieres ; qu'elle ait en même temps par ces moyens mêmes augmenté fon induftrie, par-là multiplié les jouiffances qui font vivre les hommes, & qui leur procurent le bien-être

Les caufes réelles de la population & du bonheur fe trouvent donc en effet dans cette abftraction, dont vous ne confeillez à vos Lecteurs que la moitié. Oubliez l'*argent*, dites-vous ; oubliez encore le commerce *étranger*, difons nous enfuite. Suppofez la véritable *économie*, c'eft-à-dire, l'augmentation des avances foncieres, des avances de la culture, & des avances de toutes fabrications utiles ; & voilà chaque famille dans la voie de la profpérité, de la force & du bonheur.

Mettez des millions de familles semblables à côté l'une de l'autre, & vous aurez de grands Etats dont la force & la félicité croîtront fans ceffe.

Au lieu d'employer à la terre la portion *de fubfiftances & de matieres premieres* que la bonne économie deftine à l'*amélioration* des *avances foncieres* & des *avances de culture*, livrez-les, d'une maniere quelconque, aux manufacturiers, aux artifans, aux marchands, aux artiftes *étrangers* ou *nationaux*, n'importe, l'amélioration progreffive ne fe fera pas, *faute d'avances.*

La pire maniere de les vendre eft celle que je confidere ici d'après vous-même ; c'eft de les porter aux étrangers pour de l'argent qu'on entaffe.

Cet argent, accumulé par des capitaliftes économes à votre maniere, c'eft-à-dire, *moins fenfibles aux jouif-*

( 123 )

*sances réelles qu'à la faculté de jouir,* repréſentée par l'argent , n'a , ſelon vous même , aucun effet ſur le bonheur , ſur la population , ſur la puiſſance d'un Empire.

Il a d'ailleurs, l'inconvénient d'être mobile & tranſitoire ; c'eſt encore une de ces vérités que la droiture de votre eſprit vous a forcé de confeſſer.

Les capitaux accumulés ne ſont point des *richeſſes de l'Etat,* tant qu'ils ne ſont pas employés *en avances des travaux utiles.*

» C'eſt en vain » dites-vous (*p.* 23) » qu'un *Etat* gagne de l'argent par le » commerce & par la vente de ſes » productions ; cet argent ſuit le ſort » des perſonnes qui le poſſedent , & » l'on ne verra jamais long-temps de » gros propriétaires de richeſſes mo- » biliaires dans des pays deſpotiques, » ni ſous un Ciel rigoureux. Les » hommes qui diſpoſent de beaucoup

» d'argent veulent obtenir tous les
» avantages qu'il procure ; & *maîtres*
» *de se transporter par tout où le bon-*
» *heur les appelle*, ils feront toujours
» entraînés vers les climats tempé-
» rés , &c.

Vous auriez dû conclure avec nous que cet argent n'est pas *gagné par l'Etat*, quoiqu'il ait été gagné par *des marchands* que vous appellez *nationaux*.

Souffrez que je vous propose une comparaison très juste & très ingénieuse , dont je ne suis pas l'Auteur. Elle est d'un Magistrat célebre par ses Ouvrages Economiques ( *M. Mercier de la Riviere , Conseiller au Parlement de Paris , dans sa Lettre sur les Econo-mistes*) : l'argent d'un riche Banquier *locataire* est-il *une richesse* pour le propriétaire de la maison que le Banquier tient à bail pour trois ans ? Vous ne le croyez pas.

N'en eſt il pas ainſi préciſément de l'Etat & de *ces hommes qui diſpoſent de beaucoup d'argent qu'ils ſont les maîtres de tranſporter par-tout.*

Je n'inſiſte pas davantage ſur cet objet, d'autant mieux qu'à cet égard vous vous êtes rendu de très bonne grace.

Voyons donc ce que vous penſez vous même de cette *induſtrie recherchée*, qui forme l'article le plus important du commerce étranger, le plus précieux de tous, ſuivant les idées Colbertiſtes & les vôtres.

» Quant aux manufactures, & à
» tous les ouvages qui ne tiennent
» qu'aux talents & à l'induſtrie des
» hommes, on ne peut jamais les
» enviſager comme un bien particu
» lier à une Nation. *L'induſtrie n'eſt*
» *pas une jouiſſance excluſive,* & les
» *hommes doués d'un talent particu*
» *lier, ne ſont pas eux-mêmes la pro*

» *priété certaine de l'Etat où ils vi-*
» *vent.*

Ce font là , Monfieur , vos propres termes ( *p.* 146 ) ; il ne faut pas vous donner la queſtion pour vous arracher l'aveu de ces vérités importantes.

Rapprochons celle-ci d'un développement très clair & très énergique de vos principes , qui n'en eſt éloigné que de deux pages ( 144 ) : » de toutes les manieres de payer les » biens étrangers *la plus avantageuſe* » à un Royaume , c'eſt *la vente de* » *temps* , c'eſt-à-dire de celles des » productions de l'induſtrie ( la plus recherchée , dont les ouvrages prennent plus de temps & coûtent plus cher , comme vous l'expliquez plus haut ( *page* 143 ) , d'*une induſtrie rare & précieuſe* ; ce font vos propres termes ) ; » mais comme la préférence » que les acheteurs donnent aux ma» nufactures de tel ou tel pays eſt

» fondée en partie fur la comparai-
» fon des prix , & que ces prix font
» réglés par la *valeur de la main-d'œu-*
» *vre*, qui dépend à fon tour du taux
» des fubfiftances. On fent combien
» la *modération* conftante du prix des
» Bleds importe au *commerce le plus*
» *avantageux de la France.*

Il vous refte à nous expliquer bien clairement par quelle raifon un Royaume tel que la France doit favorifer comme le plus *avantageux des commerces*, celui des productions *d'une induftrie rare & précieufe*, qu'on ne peut jamais regarder comme un bien particulier à la Nation, qui n'en a pas la *jouiffance exclufive*, ni la *propriété certaine*.

Les *avances foncieres* d'un pays, celles des cultivateurs , même celles des manufactures groffieres qui fervent au peuple, font une *propriété certaine*, un *bien folide & durable* ;

& c'eſt l'intérêt de ces *avances* , qu'il faut ſacrifier , ſelon vous à celui qui conſiſte » dans l'échange des fruits de » l'induſtrie recherchée : véritable » commerce d'un *Etat* dans ſa per- » fection , & le *ſeul* qui entretienne » à la fois ſa population & ſa richeſſe. Il l'entretient d'une maniere d'autant plus certaine & plus ſolide , *qu'il ne lui appartient jamais en propre;* qu'il peut toujours lui échapper à chaque inſtant , ſelon vous-même ; & que ſa conſervation , ſon accroiſſement ou ſon déclin , dépendent abſolument de pluſieurs cauſes mobiles, qui ne ſont ni dans la main de la Nation , ni dans celle du Souverain.

Si vous ne trouvez pas que cette vérité par vous reconnue dans tous les points , ſoit une difficulté contre le ſyſtême de Colbert , dont vous avez adopté les idées , je ne ſais plus ce que c'eſt qu'une difficulté.

Car

( 129 )

Car enfin, quand vous auriez long-
temps immolé les intérêts de vos propriétaires , de vos cultivateurs, de vos
autres manufactures groffieres à ceux
de l'induftrie qui travaille pour les
étrangers , s'il arrive que celle-ci
perde fes *entrepreneurs* , fes *matieres* ,
qui viennent fouvent de très loin,
fes *ouvriers* , fon *débit* : événements
très poffibles par mille moyens différents ; par mille moyens qui ne dépendent pas de vous ; en ce cas-là ,
que vous reftera-t-il ?

Vous conviendrez que voilà pour
le moins un danger. Premier objet de
réflexion.

Mais pourquoi voulez-vous nous
le faire courir ?

» Ces diverfes *richeffes de l'induf-*
» *trie* (mobile & tranfitoire) fervent
» à acquitter les *marchandifes étran-*
» *geres* « (que ne confomment ni
les ouvriers des manufactures com-

I

munes, ni les Cultivateurs, ni les neuf dixiemes des propriétaires fonciers ) ,, & introduifent annuellement ,, dans le Royaume ( c'eſt-à-dire dans le coffre-fort des capitaliſtes, qui l'habitent comme des locataires paſſagers ) , ,, quarante ou cinquante ,, millions deſtinés à ſatisfaire les ,, vœux de l'avarice « ( vous appellez pour cette fois les choſes par leur nom ) ,, & à contenter cette imagi- ,, nation qui préfere la faculté de dé- ,, penfer à la dépenſe même ( *p.* 40 ).

Or cet argent, vous en avez apprécié le mérite ; il eſt dans le même cas que la population des hommes doués de cette induſtrie rare & précieuſe : l'un & l'autre ſont étrangers à l'Etat. Ce ſont des *locataires ;* ils ſont même de l'eſpece la plus privilégiée ; car ils ſe *font payer pour habiter notre pays.* C'eſt en cela que le colbertiſme eſt un ſyſtême très ſingulier ; mais il n'est ni juste ; ni , je crois , d'une politique bien réfléchie.

Car enfin, voici , Monsieur , le raisonnement que peut vous faire un Roi de France. Vous voulez que je *force toujours* mes propriétaires fonciers, mes cultivateurs, mes entrepreneurs d'ouvrages communs à donner toutes les denrées & marchandises *à bas prix* , afin que les manufactures d'industrie recherchée trouvent la main-d'œuvre à bon marché. Vous voulez que je ne mette aucun impôt ni sur l'entrée des matieres étrangeres qui servent à leur fabrique, ni sur la sortie de leurs ouvrages, *en faveur* de ces hommes-là qui ne sont pas à moi, qui n'appartiennent pas à ma Nation, ni eux, ni leur industrie, ni l'argent qu'ils gagneront à leur commerce, » en achetant d'abord à bon » marché de mes sujets ce qu'ils ven-

» dent cher aux étrangers » ; & enfuite, pour toute récompenfe, „ en
„ vendant cher à mes fujets ce qu'ils
„ ont acheté bon marché chez les
„ étrangers " (ce font, Monfieur,
vos propres termes).

Mais cette *modération* du prix des
fubfiftances des matieres premieres
& des ouvrages communs eft exactement un loyer que nous paierons,
moi, mes propriétaires, mes cultivateurs, mes bons gros ouvriers
utiles & *vraiment nationaux* (puifqu'ils travaillent pour mon vrai peuple) à ces gens-là, qui travaillent, felon vous-même pour les *étrangers* ,
qui font toujours prêts à nous quitter
de force ou de gré , & à tranfporter
ailleurs *leur induftrie* & leur *argent*.

„ Ces richeffes mobiliaires, dont
„ peuvent difpofer quelques capita-
„ liftes " (que vous appellez mem-
bres d'un Etat ; mais qui ne le font

pas , puifque ne travaillant que pour l'étranger ) , „ ces richeffes ne fuffi-
„ fent pas „ felon vous ( 1. *part. chap.* 22 ) „ pour conftituer la puif-
„ fance d'un Souverain , elles ne
„ pourroient y contribuer que par
„ le moyen des impôts , & les pro-
„ priétaires de ces richeffes les ca-
„ chent , les diffimulent , ou fe tranf-
„ portent ailleurs avec elles , lorfque
„ l'Etat en demande une trop grande
„ part „. Tout l'ufage que j'en pour-rois faire feroit , felon vous-même, de leur *emprunter* à gros intérêt , *pour foudoyer des troupes auxiliaires* , fi j'avois la trifte fantaifie de ravager les terres de mes voifins.

En vérité , c'eft payer trop cher l'honneur de loger les gens qui ne fervent qu'à des étrangers , & qui ne gagnent que pour eux-mêmes.

Si je voulois , Monfieur , finir par une plaifanterie , je vous dirois qu'on

a bien pu fuppofer cette priere bur-
lefque : » Seigneur, ne me donnez
» point de bien, mais placez moi à
» côté de ceux qui en ont « ; mais on
n'a pas dit : » Placez-moi à côté de
» gens auxquels je donnerai *toujours*
» le moyen de s'enrichir, à condi-
» tion qu'ils ne me feront *jamais* part
» de leurs richeffes «.

Voilà, Monfieur, le vœu que votre politique & celle de Colbert vouloit faire adopter aux propriétaires,
aux cultivateurs, aux ouvriers vraiment nationaux ; il eft très héroïque.
C'eft-là ce que vous appellez *la fociété*, l'heureufe *harmonie* qui doit
régner entre toutes les claffes de la
fociété. Je confeffe qu'il m'eft impoffible de comprendre ni la juftice, ni
même la fageffe & l'utilité d'un pareil
fyftême. Je vous engage à le comparer
avec le nôtre, qui fut celui de Henri IV & de Sully. Je vais l'expliquer

le plus clairement qu'il me fera poffible, afin de vous en rendre le paral-
le le moins difficile.

## N°. V.

*Expofition de la doctrine économique
de Henri IV & de Sully, oppofée au
fyftême de Colbert & de M. N**.*

Il eft facile, Monfieur, de fe per-
fuader, en lifant votre ouvrage,
qu'il y regne une idée capitale fur
les rapports mutuels des grandes
claffes qui compofent les Etats policés. La nature des relations fociales
eft en effet la bafe de toutes vos fpé-
culations & des nôtres.

Dans l'opinion que vous avez em-
braffée, c'eft une oppofition, une
guerre, un pillage perpétuel, que
vous appellez harmonie de la fociété.

Suivant la doctrine tant redoutée
des Economiftes, c'eft une paix, une

concorde éternelle , une véritable uniré d'intérêt.

Voici comment vous exprimez en peu de mots fort énergiques votre penſée ſur ce point très important ( 1. *p. rt. pag.* 9S ).

» En général on voit que tout bé-
» néfice qui ſe fait dans l'intérieur
» d'une ſociété par une des trois
» grandes claſſes qui la compoſent ,
» le Souverain , les propriétaires &
» les hommes de travail , ne peut
» avoir lieu *qu'aux dépens des deux*
» *autres.* L'harmonie qui exiſtoit eſt
» alors dérangée ; & c'eſt un mal ſans
» doute , ſi cette harmonie étoit con-
» venable «

Par une conſéquence du même principe , vous ne voyez point de poſſibilité qu'un Etat particulier faſſe aucun bénéfice , ſi ce n'eſt aux dépens des autres : » on favoriſe la popula-
» tion & la richeſſe étrangere *aux*

» *dépens* de la propriété nationale » ; ce font vos craintes ( *pag.* 121 ).

Nous penfons précifément le contraire, & c'eft-là ce que je vous fupplie de bien examiner.

Les trois grandes claffes de la fociété font, 1°. les p opriétaires fonciers, à la tête defquels nous plaçons le Souverain ; 2°. les cultivateurs en chef, & leurs ouvriers, que vous avez totalement oubliés ; 3°. tous les hommes occupés *à d'autres* emplois & travaux que ceux des deux premieres claffes.

Vous ne nous difputerez pas la réalité de ces diftinctions, ni l'ordre de primogéniture que nous y obfervons.

Vous favez bien qu'avant de faire un habit & une chemife, il faut du drap & de la toile ; qu'avant le drap & la toile il faut le chanvre & le mouton ; qu'avant le chanvre & le mouton, il faut cultiver la cheneviere &

les champs ; qu'avant de cultiver habituellement, il faut *faire* ces champs,
cette cheneviere, & la ferme ou métairie, grande ou petite, dont ils
font partie. Car la nature brute &
fauvage n'en fait point. Qu'avant
d'entreprendre & d'exécuter ces
grands travaux, de l'ouvrier, du manufacturier, du cultivateur, du propriétaire, qui font tous néceffaires
à la jouiffance d'une chemife & d'un
habit, il faut *la sûreté des propriétés*
que procure le Souverain par fa pro-
tection : il faut le développement de
plufieurs arts, qui n'eft produit que
par l'*inftruction* ; il faut fuppofer enfin un état organifé, une fociété policée.

Les avances, les travaux de la
Souveraineté, procurent la fécurité,
l'émulation & les facilités à toutes les
claffes de la fociété. Les avances & les
travaux des propriétaires fonciers,

des cultivateurs & des autres ouvriers de cette claſſe, produiſent les ſub-ſiſtances & les matieres premieres ; enfin ceux des manufacturiers, des artiſans, des négociants & des autres, operent les jouiſſances utiles & agréa-bles, en façonnant, voiturant, tra-fiquant les ouvrages de l'art ; qui ſup-poſent l'exiſtence des matieres & des denrées, & l'exercice d'une autorité tutélaire.

Comment pouvez-vous mécon-noître *le point central de l'intérêt uni-verſel*, qui fait le *bénéfice* de tous ſans cauſer nul *préjudice?* Quoi! Monſieur, l'accroiſſement progreſſif & continuel des avances & des tra-vaux que font les propriétaires & les cultivateurs, n'eſt-il pas ce point central ?

Quand un propriétaire ſage & hon-nête, au lieu de bâtir à la Ville de beaux hôtels, conſtruit à la campagne deux ou trois bonnes fermes ; quand il plante un verger, une vigne, au lieu d'une charmille ; quand il paie des ouvriers pour marner des champs, au lieu de les payer pour fabler & ratiffer des allées, il affure évidemment un *bénéfice* à lui & à fa poftérité.

*Aux dépens* de quelle claffe de la fociété; aux dépens de quel individu fe procure-t-il cet accroiffement de revenus ? *Aux dépens* de perfonne.

Au contraire, c'eft à l'avantage du Souverain, qui prendra fa part des revenus nouvellement créés ; c'eft à l'avantage des ouvriers agricoles qui fervent à former les nouveaux domaines, & qui les feront valoir à perpétuité ; c'eft à l'avantage des manufacturiers, des ouvriers, des commerçants, qui fourniront à ces cultivateurs, à ce propriétaire, & aux falariés du Souverain, les moyens de réalifer en jouiffances utiles & agréables , chacun fa portion des récoltes nouvellement produites.

Vous le voyez , Monfieur , ceci n'eft point une guerre , un pillage réciproque , tel que vous le faites envifager à vos Lecteurs ; c'eft un partage amical , une vraie fociété.

En voulez-vous favoir les conditions effentielles preferites par la nature elle même ; mais preferites avec une *évidence* & une *néceffité irréfiftibles ?* Je vais vous les expofer en très peu de lignes , & vous ferez étonné qu'elles foient toutes réfumées en un feul mot, dont vous avez voulu défigurer le fens & l'énergie dansune longue note , vers la fin de votre Ouvrage ( *pag.* 103 ) ; vous verrez qu'il faut moins de temps & de paroles pour vous en faire fentir toute l'importance , que vous n'en avez mis pour nous prouver que vous n'en avez pas même la premiere idée, bien loin de pouvoir la communiquer à vos Lecteurs.

Ce mot, c'eft le *produit net*, fujet de fades railleries pour les femme-lettes, de terreurs pour les avides publicains, & d'épigrammes ridicules pour quelques beaux efprits proftitués aux uns & aux autres.

Oui, le *produit net de la culture*, eft la bouffole univerfelle du Gouvernement, & le centre commun de tous les intérêts.

Ce *produit net*, Monfieur, n'eft point du tout ce que vous dites (*page* 103 ); la définition que vous en donnez prouve, comme tout le refte de de votre ouvrage, que jamais vous ne vous êtes donné la peine de nous lire & de nous comprendre, avant de nous réfuter.

Le produit net eft ce qui refte de la *récolte totale*, ou de fa *valeur*, après qu'on a prélevé *les frais* du *cultivateur*, non du *propriétaire foncier*, comme vous le dites.

Ces frais font de deux fortes, favoir, la totalité des dépenfes journalieres qu'il fait habituellement chaque année ; & un intérêt au moins à dix pour cent de fon premier fonds ou de fa premiere mife. ( Nous l'appellons *avance primitive* ). Vous ne trouverez pas cet intérêt trop fort, fi vous confidérez qu'il faut entretenir & réparer ce premier fonds qui s'ufe continuellement, & qu'il s'agit de courir des rifques très confidérables.

Un bail à ferme eft précifément l'évaluation *du produit net actuel*; un contrat de vente ou d'échange fuppofe la même évaluation.

Le *produit net* appartient au propriétaire foncier & au Souverain, qui doivent le partager enfemble.

Plus il y a de *récolte totale* & de

*produit net* dans cette récolte, plus l'efpece humaine eft affurée de fa multiplication & de fon bien être.

Nous avons déja deux claffes de la fociété qui trouvent évidemment leur avantage dans cet accroiffement des récoltes & du produit net, favoir, les cultivateurs qui vivent fur la *reprife des frais*, & les propriétaires fonciers, avec le Souverain & tous fes Employés, qui vivent fur le *produit net.*

Reftent les manufacturiers, les artifans, les voituriers, les négociants, les artiftes, & les autres agents de la troifieme claffe.

Ne croyez vous pas comme nous, Monfieur, qu'un accroiffement des récoltes & de leur produit net, enrichiffant directement les cultivateurs, & les propriétaires, doit néceffairement procurer aux ouvriieers plus

d'ouvrages

d'ouvrages & de salaires ? Oui , sans doute , vous en êtes persuadé.

Remarquons l'ensemble des deux conditions , & permettez que j'insiste. On nous accuse de rappeller des choses qu'on dissimule ou qu'on oublie autant de fois que nous les disons ; mais ce n'est pas notre faute ; c'est celle de l'oubli ou de la dissimulation.

Si vous n'augmentez que la récolte sans qu'il y ait aucune augmentation de produit net , c'est ce que les nouveaux frais absorbent tout le nouveau produit.

En ce cas , les cultivateurs seuls en profiteroient , avec le petit nombre d'ouvriers qui travaillent pour leurs jouissances.

Au moins ce profit ne se feroit-il *aux depens* de personne.

Mais quant au delà des *nouveaux frais,* un nouveau produit total donne

un nouveau *produit net* ; non feulement ce nouveau profit ne caufe aucun préjudice à la claffe des pro-
priétaites , au Souverain , & à fes
Employés ; mais au contraire , il les
appelle au partage vraiment focial de
la réproduction augmentée.

Tous enfemble ne peuvent en jouir
qu'en faifant travailler plus ; & par
une conféquence néceffaire, en payant
mieux plufieurs agents de la troifieme
claffe.

La Voilà , je crois , Monfieur , *la
véritable harmonie* de la fociété ; c'eft
dans l'*augmentation* continuelle &
progreffive de la *culture* , de *fa production totale* , & de fon *produit net*,
que nous la faifons confifter avec Henri IV & Sully.

Ce ne font-là ni des idées abftrai-
tes , ni des amphigouris métaphy-
fiques ; c'eft une obfervation fimple &
naturelle , & de la plus extrême importance.

( 147 )

Cette doctrine répand si bien une *lumiere nouvelle*, quoique vous en puissiez dire, qu'elle redresse évidemment elle seule tous vos principes, & contrarie votre idée fondamentale.

Intimement persuadé qu'une classe de la société ne peut augmenter sa richesse, sa population, son bien-être qu'aux dépens d'une autre, vous avez cherché dans votre livre laquelle devoit être sacrifiée. Vous avez cru trouver que c'étoit celle des propriétaires & des cultivateurs.

La doctrine du *produit net* vous fait voir par une lumiere nouvelle pour vous, & par conséquent pour bien d'autres, qu'il est possible de trouver sans cesse un accroissement de bien pour toutes les classes ensemble, accroissement qui ne se fait *aux dépens* de personne.

Voici, Monsieur, la maniere dont

K ij

il faudroit procéder pour faire le *mal universel*, qui ne feroit *au profit de perfonne*. Ce feroit de *détruire* les avances de la culture, à l'effet d'en diminuer la production & le produit net.

Mais il eft des moyens de ruiner cette production, qui paroiffent avantageux, *pour quelque temps*, à quelques individus feulement, quoique leur effet réel ultérieur foit préjudiciable à toute la fociété.

Un Cultivateur fe dérange ; il dégrade fon attelier de culture, il diminue fes avances & fes travaux ; la production eft altérée, les fonds font détériorés. Ce cas eft le plus rare.

Un propriétaire diffipateur vient dépenfer dans les Villes fes fonds au lieu de fes revenus, pendant qu'il pourfuit le plaifir, l'illuftration ou la fortune dans le pays des erreurs & & de la diffolution ; fes domaines, abandonnés au pillage, ſe dégradent, & retombent dans l'état ſauvage d'où les avoit tirés les avances du fondateur. Ce cas eſt beaucoup plus ordinaire.

L'un & l'autre ſont un luxe particulier. Vous la ſavez cette bonne plaiſanterie de Henri IV, ſi vantée par Sully, qui railloit impitoyablement les Marjollets de Cour, en leur diſant » qu'il voyoit ſur leur » dos des métairies, des moulins & » des bois de haute-futaie ».

Mais le pire de tous, c'eſt le luxe public, c'eſt-à-dire l'excès des impôts & le mauvais emploi des deniers que rapporte un fiſc déprédateur. Son effet infaillible eſt de détruire les avances des propriétaires & des cultivateurs; par conſéquent la récolte & le produit net, par conſéquent les ſubſiſtances & les matieres premieres de la troiſieme claſſe,

avec le revenu même de la souveraineté.

Dans le nombre de ces impôts , je comprends , Monsieur , celui que vous conseillez d'établir au profit des manufacturiers & des marchands qui font le commerce étranger.

Entretenir exprès les subsistances & les matieres premieres à un prix plus bas qu'elles ne seroient *naturellement*, je sens bien que c'est le moyen de rendre *la main-d'œuvre moins coûteuse*, & par conséquent de procurer à ces Marchands un débit plus assuré dans les pays étrangers.

Mais ce n'en est pas moins un im-pôt sur le producteur de ces denrées. Si vos loix réglementaires & prohi-bitives produisent l'effet que vous de-sirez , si elles font tomber la denrée d'un dixieme au dessous de sa valeur naturelle , c'est une taxe qui coûte autant qu'une dîme effective.

( 151 )

Je me souviens d'avoir fait autre-
fois cette proposition : à quoi bon
déguiser par des loix palliatives *le
bien* que vous avez intention d'opérer?

Vous voulez que les agents du
commerce étranger aient *pour rien* la
dixieme partie de nos récoltes ; que
ne leur accordez-vous tout simple-
ment, & tout franchement, une dîme
à percevoir avec celle du Curé. N'eſt-
pas la même choſe ?

Si vous ne vous en mêliez point
par des réglements , des contraintes ,
des prohibitions ; je retirerois de mes
denrées un dixieme de plus en bon
argent , c'eſt-à-dire , que pour avoir
une telle ſomme en eſpeces , je ne
ſerois obligé de vendre que neuf meſures. Par l'effet de vos arrangements
concertés , je ſuis obligé d'en livrer
dix pour avoir cette même ſomme.

A parler ſans fiction , j'en vends
neuf, & je donne la *dixieme gratis.*

K iv

Tant il eſt vrai que le mot & la tournure font beaucoup en France , vous n'oſeriez pas dire à la Nation , établiſſez une ou deux dîmes réelles au profit des Manufacturiers , des Voituriers & des Marchands qui font le commerce étranger des productions d'une induſtrie recherchée , vous auriez peur de révolter tous vos Lecteurs.

Mais vous prenez un petit détour. Vous dites , « ces hommes peuplent » le Royaume & l'enrichiſſent à pro- » portion de leur débit : » (ils le peuplent de paſſagers , qui , ſelon vous-même , n'appartiennent point à la Nation parmi laquelle ils habitent , & ils l'enrichiſſent d'un argent qu'ils ne donnent à perſonne , & qu'ils ſont toujours les maîtres de cacher & d'emporter ſelon vous-mêmes ). » Or, leur » débit eſt proportionné aux moyens » qu'ils ont de ſe faire préférer

( 153 )

» par les Etrangers , dans la concur-
» rence avec les autres Marchands ;
» le meilleur de ces moyens, c'est
» le bon marché de leurs ouvrages.
» La voie la plus assurée pour les
» mettre en état de vendre à bon mar-
» ché , c'est que la main-d'œuvre &
» les matieres leur coûtent peu ; pour
» obtenir ce dernier effet , il faut
» obliger les producteurs à vendre
» les denrées à bas prix «.

Ainsi , tout votre art a pour but
d'entretenir les productions du sol à
dix ou vingt pour cent , meilleur marché qu'elles ne seroient naturellement.

Dans la réalité , c'est une ou deux
dîmes imposées ; mais on ne s'en ap-
çoit pas , & c'est en cela que vous
faites consister sans doute le génie du
grand Colbert.

Que ce procédé soit juste , qu'il
soit utile à l'Etat & au Souverain ,

nous l'avons examiné, nous l'examinerons encore ; mais c'eſt un impôt
véritable, malgré tous les palliatifs,
& c'eſt ce qui m'occupoit en ce moment.

Ma digreſſion eſt déja trop longue,
je reviens.

Le luxe des Particuliers & celui du
Gouvernement font profpérer *pendant
quelques momens* tous les Arts qui fervent au faſte & à la diſſipation : ils
rendent cette claſſe plus nombreufe
& plus riche qu'elle ne devroit être,
mais c'eſt *aux dépens* des autres claffes ; c'eſt même aux dépens de celle
qui paroît la plus favorifée.

Oui, Monfieur, fes fuccès préma-
turés & factices ruinent la fource ; elle
mange fon propre fonds en mangeant
celui des autres.

Croyez - vous, Monfieur, que la
France n'auroit pas à préfent plus de
Manufactures & d'Ouvriers, même

plus de commerce utile avec l'Etranger, ſi depuis la mort de Henri IV elle eût continué d'être adminiſtrée ſur les principes de Sully ? Cette queſtion vaut bien la peine d'être diſcutée.

## N°. V I.

*De l'état de la France , tel que le voit M. N**, tel qu'il eſt , tel qu'il devint ſous Colbert , tel qu'il étoit ſous Henri IV & Sully , tel qu'il ſeroit ſi l'on eût continué ſur les mêmes principes.*

„ L'échange des fruits de l'induſtrie „ la plus rare eſt , ſelon vous , le prin-„ cipal pour la France ; c'eſt même , „ à ce que vous dites, ( *premiere partie,* „ *p.* 41) le ſeul qui entretienne la proſ-„ périté , en accroiſſant à la fois ſa po-„ pulation & ſa richeſſe «.

Vous aſſurez dans la même page que „ c'eſt le véritable commerce d'*un état* „ *dans ſa perfeclion* ».

Vous croyez donc, Monsieur, que la France est en effet dans *un état de perfection*, & qu'il *ne nous manque rien*.

En effet, selon vous-même, ce n'est pas à notre industrie : ,,par,, tout une multitude immense, en ,, s'adonnant aux Arts & aux Manu-,, factures, ne laisse rien à desirer au ,, caprice du luxe & de la vanité ``. ( *Ibid.* page 40 ).

Vous êtes plus expressif encore dans la suite de votre Ouvrage. ( *Ibid.* p. 132 ).

,, La France, dites-vous, contient ,, plus de Fabricants & d'Ouvriers ,, qu'il n'est nécessaire pour attendre ,, d'eux tout ce que peut inspirer le ,, talent excité par la vanité, la con-,, currence & l'amour du gain ``.

Voilà donc, à votre avis, ce qu'on doit appeller un *état dans sa perfection*.

Vous convenez cependant que nous

manquons de bled : c'eſt un aveu bien précieux. ( *Ibid.* pag. 20 ). ›› Depuis ›› dix ans la France a fait venir de ›› l'Etranger plus de bled qu'elle n'y ›› en a envoyé ››.

Nous croyons qu'elle manque de vins, de fruits, de troupeaux, de cuirs, de bois, de laines, de chanvres, de ſels, & pour tout dire en un mot, de toutes les denrées que fourniroit ſon territoire, ſi la culture étoit *perfectionnée.*

Ce n'eſt pas ſeulement par l'importation étrangere que nous en jugeons, nous autres Economiſtes : quant aux denrées qu'on fait venir de l'Etranger, c'eſt qu'on a le moyen de les payer ; mais nous en jugeons par l'état des fonds, & par celui des habitants, & par celui de leurs jouiſſances.

Pendant que les Capitaliſtes, les Publicains & les déprédateurs ſe livrent *aux dépenſes de luxe & de vanité*

qui font vivre cette multitude im-
menſe adonnée aux Arts & aux Manufactures les plus recherchées ; le
Peuple de la Campagne, & même celui des Villes, ſe paſſe de viande &
de poiſſon, de parures, de meubles,
de commodités & même de ſouliers :
un peu de pain noir, des châtaignes,
des raves, quelques légumes au beurre
& à l'huile bien épargnés, parcequ'ils
ſont chers, ainſi que le ſel qui l'eſt
auſſi, voilà ſa nourriture ; des ſabots,
de la toile groſſiere ou de la bure,
voilà ſon vêtement.

Les Bourgeois propriétaires, les
neuf dixiemes des pauvres familles
nobles de la Campagne, ne font venir
de l'Etranger ni alimens, ni boiſſons,
parcequ'ils n'ont pas le moyen de les
payer ; mais ils s'en paſſent & vivent
dans la miſere. Ce ne ſont pas là,
Monſieur, les ſymptômes d'un état
dans ſa perfection.

Vous vous extafiez fur la profpérité de ces Arts qui fervent le luxe & la vanité. Ces Gobelins, ces Van-Robès, cette Manufacture des glaces ! voilà des chefs-d'œuvre du genie de Colbert, dont il faudroit s'enthoufiafmer.

Nous y voyons tout fimplement des privileges exclufifs qui font très inutilement la fortune de quelques Manufacturiers, érigés fur le pavé de Paris en efpece de petits Seigneurs ; nous voyons qu'ils ne travaillent, comme vous le dites vous - même, qu'à contenter le caprice des Etrangers, ou qui pis eft, des fang-fues publiques engraiffées de la plus pure fubftance des Peuples.

Mais s'il falloit rendre feulement une paire de fouliers par an à tous ceux que Colbert mit en fabots pendant fon adminiftration, cette Manufacture bien plus utile & bien plus refpectable, difperfée dans le Royaume, y feroit fubfifter mille fois plus d'hommes que vos colifichets.

Ils ne portent point de fabots, les Cultivateurs de Flandres, de Hollande & d'Angleterre ; ils ont des bottes & des fouliers, eux, leurs femmes & les enfants : les nôtres en uferoient *s'ils avoient le moyen.*

Vous êtes calculateur, Monfieur, tâchez de réfoudre ce problême-ci, qui mérite bien vos attentions.

Un ménage de Payfans Anglois & Hollandois, tels que je les ai vus, ( je ne parle pas des Fermiers ou Cultivateurs en chef, mais de leurs Ouvriers de culture ; je vous parlerai plus bas des Fermiers ) habite une maifon propre & commode ; il a des meubles honnêtes, un buffet affez bien garni, du bon linge, de bons habits pour le travail, & d'autres plus beaux pour les Fêtes. Il a quelques pieces d'argenterie, oui, Monfieur,

&

& même quelques bijoux en or ; il mange de bon pain , de la viande ou du poiſſon deux fois par jour , & boit de la biere.

Connoiſſez vous le ſort de ces mêmes Payſans Ouvriers , dans nos Provinces intérieures ? En tout cas je vous l'ai déja décrit ci-deſſus , & je vous ai dit malheureuſement la vérité.

Mettez-vous , s'il vous plaît , à votre Bureau quelques matinées ; comptez combien il ſe trouveroit dans le Royaume de Manufacturiers & d'Artiſans employés de plus , ſi huit ou dix millions au moins de pauvres gens , qui vivent dans la privation de tout bien-être , pouvoient ſe procurer l'aiſance qui leur manque.

Remarquez , je vous prie , qu'il faudroit cultiver & faire naître auparavant les ſubſiſtances de tous les Ou-

vriers & les matieres de leurs ouvrages ; ce qui fuppoferoit une plus
grande population encore dans la
claffe agricole.

Nous aurions par conféquent fur
toute la furface du Royaume beaucoup plus d'hommes & de richeffes,
dans le moment où vous & moi nous
écrivons, fi nos Payfans y jouiffoient
de cette honnête aifance.

Je ne parle point d'une opulence
chimérique, il eft bon de le répéter ;
car les gens de Ville s'imaginent que
nous nous repaiffons de fables : ils
croient que l'état de nos Payfans eft
leur état naturel, indifpenfable. Je
parle donc de l'*aifance actuelle* du Pay-
fan Flamand, Hollandois, Anglois,
Suiffe, &c. telle que je l'ai vue, telle
que vous pouvez la voir.

Eh bien, Monfieur, voilà tout fimplement ce que defiroient le bon Henri

IV & fon digne ami le brave Sulli.
Voilà ce qui feroit arrivé néceffairement, fi l'on avoit fuivi leurs
traces.

Comment s'y prenoient-ils ? Hélas!
Monfieur, tout auffi bonnement. Le
Roi n'empruntoit point, au contraire
il payoit les vieilles dettes. Il n'aug-
mentoit point les impôts, tout au
contraire il les diminuoit, en fimpli-
fiant la forme de la perception, &
en retranchant les bénéfices des Traitants. Il ne faifoit ni réglements, ni
prohibitions, mais au contraire il
laiffoit toute liberté au commerce
quelconque, notamment au commerce des grains. Voilà toute la fcience
de Henri IV & de Sully.

Après eux, vinrent les Conchini, les
Richelieu, les Mazarin, les Colbert :
que fit-on ?

Jufqu'à Colbert, on n'avoit imaginé les taxes qu'en faveur du Roi, des Courtifans & des Financiers. Il en imagina de plus deux efpeces toutes nouvelles en faveur des Marchands & des Manufacturiers.

Ces deux efpeces de taxes nouvelles confifterent premiérement dans la *diminution forcée* du prix des fubfiftances & des matieres premieres, même dans les années les plus abondantes, au préjudice des producteurs ; fecondement dans les avances qu'il fournit du tréfor royal aux Compagnies Marchandes & Manufacturieres.

Sous le nom d'*Etat*, on comprenoit deux parties totalementt diftinguées ; favoir, ce pauvre Peuple qui payoit toujours les avances, & qui ne profitoit jamais de ces Manufactures ni de ce Commerce; & les Manufacturiers, les Négociants, les Riches qui ont du luxe

& de la vanité, qui ne payant jamais, profitoient toujours des établiſſements : voilà le fait.

Avez-vous vu à la Campagne beaucoup de Cultivateurs & de petits Propriétaires uſer des broderies, du thé
verd, des porcelaines, des Pekins,
des vernis & des magots de la Chine ?
Croyez-vous qu'ils donnent beaucoup
de leur argent pour ces belles choſes-
là ? Non ſans doute, ils n'en ont
pas à perdre en pareilles ſuperfluités.

Mais oſeriez vous aſſurer que des
400 millions donnés par Colbert au
nom de Louis XIV à notre chere
Compagnie des Indes pour la mettre
( à ce qu'il eſpéroit mal-à propos) en
état de les apporter en France, il n'y
en eut pas une grande, mais une très
grande portion qui fut tirée de la po-

che de ces Cultivateurs, de ces Propriétaires ?

Voilà donc à quoi sert ce beau mot
d'*Etat*, *d'argent de l'État* ; à mettre
dans un même bloc celui qui paie toujours & ne reçoit jamais, avec celui
qui reçoit & ne paie point : nouveau
développement de cette idée singuliere, que l'on appelle *harmonie entre
les classes de la Société.*

Revenons. Quand on empruntoit
sous mille & mille formes diverses,
pour envoyer au loin des armées de
terre & de mer, pour élever des châ-
teaux tristement superbes, pour payer
une multitude innombrable de valets
plus ou moins titrés, plus ou moins
dispendieux; alors les capitaux étoient
détournés de leur emploi naturel ; ils
n'étoient plus employés à défricher
les terres, à perfectionner leurs cultures, à fonder les Manufactures vrai-

ment *nationales* , c'eſt·à·dire les Manufactures communes qui emploient
les matieres du territoire à faire des
ouvrages pour les Habitants du
pays.

Sous quelles formes n'a-t-on pas
multiplié ces emprunts, ces charges,
ces privileges qu'on a créés avec tant
de profuſion? Ne ſont-ce pas des
moyens d'emprunter?

On accabloit exprès d'exactions ,
de mépris, de prohibitions , de contraintes tout le reſte des Citoyens ; on
privilégioit à outrance les Titulaires
des moindres charges, juſqu'aux Con-
ſeillers du Roi , *Langayeurs de co-
chons ,* pour que tout Capitaliſte fût
mieux tenté de fournir ſes deniers
aux dépenſes du faſte & du gaſpillage.

On aſſuroit aux ſimples prêteurs les
plus grands avantages , par les conti-

nes, les rentes viageres. les loteries, les primes, &c. rien ne coûtoit à promettre, ni même à tenir pour quelque temps, lorsqu'il s'agiſſoit d'attirer l'argent au tréſor

Cependant il falloit payer les nouveaux intérêts, & par-ci par-là quelques parcelles des capitaux ; il falloit d'ailleurs regagner le montant des exemptions : de plus on ne pouvoit pas toujours emprunter aſſez pour les *dépenſes extraordinaires*, c'eſt-à-dire exceſſives ; je ne dis pas ſeulement de la guerre, mais même de la paix.

On forçoit donc les impôts dans la même proportion, en augmentant les bénéfices des Traitants, les gages des Employés, & de tous ceux qui profitoient du déſordre de la recette & du déſordre de la dépenſe.

Leur luxe & leur vanité croiſfoient ; car il n'eſt jamais de bien plus mal ménagé que le bien mal *acquis*.

Les Ouvriers qui travaillent aux Manufaƈtures les plus recherchées, durent donc ſe multiplier ; c'eſt cette multiplication qui vous extaſie. Les draps très fins, les dentelles, les glaces, les tapiſſeries magnifiques eurent certainement plus de débit : vous pouvez y joindre les marchandiſes précieuſes des deux Mondes.

. Ces Manufaƈtures, ee Négoce attirerent plus de capitaux ; ils employerent une foule d'Ouvriers, comme vous le dites : joignez y celle des valets qui ſe multiplierent autour des Parvenus de la Cour, des armées, du commerce de la France, du Commerce étranger & des Manufaƈtures privilégiées ; voilà un des côtés de la médaille.

Si le bon Henri IV avoit pu vivre autant que vécut Sully dans sa retraite; ( hélas ! il le pouvoit par le bienfait de la Nature, mais....) si son Fils ou son petit-Fils élevé sous ses yeux, eût suivi les mêmes principes de Gouvernement, où auroient été ces capitaux empruntés & gaspillés ? Ils seroient demeurés entre les mains des Propriétaires, des Cultivateurs, des Ouvriers nationaux qui travaillent par eux & pour eux.

Le montant des impôts créés sous Louis XIII, sous Louis XIV, & depuis, auroit resté de même à la terre, d'où la maltote les a tirés.

Calculez, Monsieur, si vous le pouvez, combien de productions & combien d'hommes il se trouve de moins en France qu'il ne s'en trouveroit, si nous avions eu le bonheur de posséder trois Henri IV & trois Sully.

Vous nous direz peut-être qu'alors l'industrie n'étoit pas à son comble, & vous en conclurez que l'Etat n'étoit pas dans sa perfection. Vous nous accuserez d'être ennemis des Arts & du Commerce, sur-tout du commerce étranger qui fait entrer de l'argent dans l'Etat. Il faut peser ces difficultés & prévenir vos doutes.

## N°. VII.

*Réponse aux principales objections des Colbertiftes , que l'adminiftration économique eft la plus favorable aux manufactures, au Commerce & aux autres Arts ; que la doctrine banale fur l'entrée de l'argent dans l'Etat , ou fur fa fortie , n'eft qu'une illufion chimérique & dangereufe ; que l'accroiffement du commerce étranger peut avoir pour caufe la ruine de l'Etat & la mifere du peuple ; qu'il en eft de même des fuccès de l'induftrie dans les beaux Arts & dans les Manufactures précieufes.*

Je raffemble ici , Monfieur , fous un coup d'œil toutes les difficultés qui doivent avoir frappé votre efprit clair-voyant ; je les difcute en peu de mots ; ce n'eft pas avec vous qu'il eft befoin de s'appefantir fur les détails.

On nous objecte fans ceffe d'être les

*ennemis du Commerce & des Arts.* On
fuppofe que nous déclamons contre
les manufactures & contre l'induftrie ; quelques unes de vos réflexions
fembleroient appuyer ce reproche.
Elles font dans votre premiere partie,
chapitre neuvieme (*pages* 44 *& fui-*
*vantes.*

» Je dois, dites-vous, répondre
» à une objection commune.

» Les progrès & la variété des
» Arts & de l'induftrie , que nous
» annonçons , comme propices à
» l'agriculture , font précifément ce
» qui la contrarie ; tous ces établiffe-
» ments ( dit-on ) détournent de la
» culture des terres & des travaux de
» la campagne , en préfentant aux
» hommes des occupations plus at-
» trayantes.

» Je ne fais pourquoi l'on veut
» toujours mettre en oppofition les
» rameaux qui *s'élevent de la même*

» *tige* (expreſſion qui n'eſt pas exacte,
ſauf le reſpect qui vous eſt dû : la
culture & la manufacture ne font
point deux *branches ſortant de la
même tige.* La culture eſt la *premiere
ſouche*, qui fournit aux manufactures
toutes les *ſubſiſtances* des *ouvriers*, &
toutes les *matieres* des ouvrages. Si
vous faiſiez des *productions naturelles*,
fournies par la culture, une *branche
ſéparée*, il n'y auroit *plus rien dans
l'autre.*

» On ajoute ( dites-vous plus bas )
» que ſi les établiſſements d'induſ-
» trie n'offroient pas tant d'échanges
» agréables à ceux qui diſpoſent
» dans la ſociété des ſubſiſtances ou
» de l'argent qui les repréſente, une
» plus grande partie de ces richeſſes
» ſeroit employée à nourrir des cul-
» tivateurs, & la fécondité des terres
» augmenteroit.

Vous répondez très juſte à cette

mauvaife difficulté que nous n'avons jamais faite, & que nous ne ferons jamais. » Pourquoi les propriétaires » defireroient-ils cette fécondité, fi » ce n'eft pour leur bonheur ?

Vous terminez ainfi votre appolo-gie. » Qu'on finiffe donc de *décla-* » *mer* contre les arts & les manufac- » tures, ou que ceux qui les *profcri-* » *vent* trouvent les moyens de faire » partager les terres également, & » de renouveller encore ce partage » toutes les années «.

Vos Lecteurs pourroient croire que les Economiftes font précifément les Auteurs de cette profcription, de ces déclamations par vous fi juftement blâmées ; & les propriétaires feroient à bon droit alarmés du réfultat d'une doctrine, qui fembleroit les réduire au brouet noir, comme les inftitu-tions de Licurgue.

Non, Monfieur, non, la fcience

économique n'eft point ennemie des arts du commerce des manufactures; nous difons formellement qu'ils font très utiles, très agréables, qu'ils font le bien être de l efpece humaine fur la terre.

Nous demandons pour eux la liberté la plus entiere, & l'immunité la plus parfaite. Eft-ce donc leur déclarer une guerre bien fanglante ? Que voudriez-vous de plus ?

C'eft une chofe bien finguliere que cette imputation à laquelle on s'efforce tous les jours de donner plus de confiftance.

Nous difons, « il faut laiffer à tout « le monde la faculté d'exercer toute » efpece d'induftrie, d'établir toutes » les manufactures qu'il voudra, de » voiturer, de vendre, d'acheter » toute efpece de marchandife quel- » conque, de faire tous les métiers » poffibles; il faut que les Ouvriers,

» que

» que les Marchands, que les Voi-
» turiers, que les Artistes, les Ar-
» tisans, les personnes qui vivent
» de leur science & de leurs talents,
» ne paient aucune taxe, aucun im-
» pôt, ni sur leurs personnes, ni sur
» leurs logemens, ni sur leurs actions,
» ni sur leurs effets ou marchandi-
» ses, dépenses ou consommations
» quelconques «. Eh bien ! nous sommes les *ennemis* des Manufacturiers,
des Négociants, des Artisans.

Les Colbertistes disent, » il ne
» faut pas donner pleine liberté aux
» manufactures, au commerce, aux
» métiers ; il faut des réglements,
» des prohibitions, des contraintes,
» des privileges exclusifs, des corpo-
» rations, des maîtrises, des juran-
» des ; il ne faut pas donner pleine
» franchise & immunité à toute cette
» classe de Citoyens ; il faut leur
» faire payer des taxes de corps, une

» capitation , une induſtrie , un ving-
» tieme ſur les maiſons ; des droits
» ſur le ſel , le vin , la viande , le bois,
» la chandelle , ſur toutes leurs ſub-
» ſiſtances , ſur toutes les matieres ;
» puis ſur tous les tranſports & ſur
» toutes les ventes » ; & ceux-là
ſont les *amis* des manufactures du
commerce & des arts. *Quelle amitié !*

Mais , nous dit - on , vous con-
dàmnez le *luxe* : oui , ſans doute ,
parceque le luxe eſt l'ennemi de tout
bien, & même de l'induſtrie, du commerce & des arts.

C'eſt , Monſieur , un des points
de la doctrine économique , ſur lequel il paroît que nous n'avons pas
eu le bonheur de vous perſuader. Voulez - vous permette que je vous l'explique ?

Vous n'êtes pas homme à vous ef-
frayer de deux ou trois mots , comme
une femmelette du bel air, ni à les per-

( 179 )

fiffler fans les comprendre , comme
un bel efprit fuperficiel. Donnez-
vous , je vous prie , un moment de
patience.

Vous favez déja ce que c'eft que
le *produit net de la culture* ; c'eft précifément le montant d'un bail à ferme
dreffé , comme il doit l'être à fa jufte
valeur.

Dans le *produit net* , il y a une portion qui n'eft pas *difponible*. Oui ,
Monfieur , difponible ; pourquoi pas!
c'eft-là un mot comme un autre ; il
n'eft pas , je crois , trop fauvage ; il ne
fent ni le grec ni le latin. Difponible
n'eft ni trop difficile à prononcer , ni
trop dur à entendre.

Mais ! qu'eft-ce qu'il fignifie ? qu'il
y a une portion de ce *produit net* , de
laquelle on ne peut pas *difpofer à fon
gré* , parcequ'elle a un *emploi néceffaire* & indifpenfable , un emploi
comme facré.

Nous avons obfervé que le *produit net* des terres fe partage entre les Propriétaires particuliers, & le Souverain qui prend fa part, au moyen des impôts.

Chaque Propriétaire particulier *doit entretenir les avances foncieres* ; le Souverain doit entretenir les *grandes avances de l'Etat*.

Tout ce qu'il faut à ces *entretiens*, eft, Monfieur, une po tion du *produit net de la culture* ; mais cette portion n'eft pas *difponible*, au gré des Propriétaires & des Adminiftrateurs du Tréfor public.

Quand on a prélevé *l'entretien* des avances publiques ou privées, le refte peut fe *dépenfer à volonté* : on peut en difpofer. Vous voyez que ce n'eft pas un grand mal, de dire en un feul mot *difponible*.

Tout ceci eft fort clair, direz-vous ; mais ce ne font pas des chofes neuves. Oh ! non Monfieur, nous n'inventons rien ; nous y regardons feulement, & les autres ni regardent pas. Voilà toute la différence ; en y regardant, nous trouvons un principe clair, fimple, évident, où les autres ne voient que contradiction & qu'incertitude : & comme on n'a pas grand' peine à prendre, nous nous trouvons bien payés de cette petite attention-là.

Vous concevez donc la néceffité des *avances* de *l'entretien* habituel de ces mêmes *avances* ; » il ne » *faut pas manger fon fonds* ; il faut » *l'entretenir* ». Voilà, Monfieur, tout ce que nous difons d'abord aux Cultivateurs, aux Propriétaires, aux Souverains.

*La dépenfe* que vous pouvez faire à votre fantaifie, en objets qui fervent uniquement à la décoration, au fafte & à l'amufement, eft *fixée* par cette *nécessité*, de conserver le fonds & de l'entretenir. Si vous *excédez la mesure*, en retranchant le fonds même, ou négligeant son entretien , cet excès est le *luxe* , toujours funeste , toujours blâmable.

Mais quand vous avez respecté vos fonds , quand vous avez eu soin de pourvoir à leur entretien , rien ne vous oblige à dépenser en superfluités , en ornements , en plaisirs , tout le *revenu disponible*. Vous êtes un homme sage & bienfaisant ; d'en attribuer encore une portion tous les ans , à l'amélioration de vos héritages , c'est-à-dire , à l'accroissement de vos revenus futurs & de ceux de votre postérité,

Dans un état long-temps dégradé par le faste & le gaspillage , cette *amélioration continuelle* & progressive est plus utile que dans tout autre : ce n'est pas un obligation stricte & in-

( 185 )

difpenfable , mais c'eft un mérite ,
une vertu.

Ce n'eft pas feulement aux deux
autres claffes de la fociété que cette
amélioration eft utile , c'eft encore à
celle des manufactures , du commerce & des arts.

Si le luxe donne un moment de
profpérité apparente aux plus brillants
objets de l'induftrie, c'eft aux dépens
du *produit net*, & par conféquent au
préjudice des manufactures même, du
commerce intérieur & des arts , qui
fervent le plus aux jouiffances des Citoyens.

Si la fageffe des améliorateurs paroît pour quelque moment retarder
la fabrication , le débit & la jouiffance
des ouvrages de l'art , c'eft pour les
mieux *fonder* par une bonne & folide
augmentation des récoltes totales &
du produit net.

En un mot, le luxe , bien mieux

M iv

que le defpotifme, abat l'arbre pour manger fon fruit , & pour brûler fon bois. L'accroiffement *des avances* du propriétaire & du cultivateur, feme pour les arts & le commerce ; elle greffe , elle écuffonne, pour que les fruits plus retardés foient meilleurs & plus abondants.

Le luxe jouit des arts, comme les enfants jouiffent des vergers. Les améliorateurs de la terre & de fa culture , jouiffent comme des hommes raifonnables.

En mangeant fon fonds au lieu de l'entretenir, un jeune diffipateur peut foudoyer à Paris, pendant quelques annnées, des ouvriers de plufieurs efpeces ; mais le temps vient où le prodigue ruiné va mourir à l'Hôpital , & laiffe tous ces gens-là fans pratique.

Le luxe général & public fait en grand, dans tout le Royaume, les mêmes révolutions. Les parts-prenants de la recette & de la dépenſe des impôts mal aſſis & plus mal employés, ſoldent quelques temps des hommes qui les font briller & qui les amuſent. Mais à meſure, les autres manufactures, les autres commerces, les autres arts, perdent leurs pratiques. Les cultivateurs, les propriétaires trop vexés, trop rançonnés par le régime fiſcal, prohibitif, reglémentaire, ſont obligés de retrancher leurs jouiſſances.

S'ils n'avoient point été pillés de la ſorte, ils ſe feroient enrichis, & leur opulence plus juſte, plus ſolide, auroit à ſon temps fait fleurir toute eſpece d'induſtrie; mais fleurir d'une maniere certaine, d'une maniere immuable.

Nous ne ſommes donc point ennemis des arts, des manufactures & du commerce.

Mais nous donnons la préférence parmi les *arts* , à ceux qui ſervent le plus généralement : parmi les manufactures aux plus communes, qui fourniſſent des habits , des meubles , vêtements au peuple , & parmi toutes les ſortes de commerces , à celui qui ſe fait dans *l'intérieur* du Royaume entre ſes habitants.

Quoi l'argent qui devroit entrer dans l'Etat , & qui n'entre que par le commerce extérieur , vous n'en faites donc aucun cas ? N'eſt-ce pas le palladium des Empires , le grand objet des Gouvernements politiques ?

Hélas ! non Monſieur , toute cette petite doctrine de l'argent qu'il faut faire entrer dans l'Etat , & qu'il n'en faut pas laiſſer ſortir , eſt trop miſérable & trop ſophyſtique pour nous en laiſſer préoccuper.

Vous ſavez bien , Monſieur , que l'or & l'argent ne ſont , ni la ſeule , ñi même la premiere & la plus folide richeſſe.

Vous ſavez bien auſſi, que la maſſe plus ou moins conſidérable de métaux, ne regle point du tout la *circulation d'argent* qui ſe fait entre les Citoyens, entre les diverſes claſſes de la ſociété.

Vous ſavez bien enfin que l'argent qui dort dans les coffres-forts des Capitaliſtes, n'appartienne point du tout à l'Etat, ſur le territoire duquel ils demeurent.

Ces trois vérités réunies ne doivent-elles pas vous perſuader que les grands mots : *Attirer de l'argent dans l'Etat : Empêcher qu'il ne ſorte de l'argent de l'Etat ,* ſont des mots vuides de ſens, qui ne devoient plus ſéduire que les derniers Apprentifs des Bureaux politiques ?

Nous ne diſons pas , Monſieur, comme on nous en accuſe encore

fauſſement , que l'or & l'argent ne
ſont pas des richeſſes. Je ne connois
d'Auteur qui ſoutienne une theſe ſi
ridicule , que ʹa Mere Bobi de M. Se-
daine , dans l'Opéra comique de Roſe
& Colas.

Mais ie dis , avec tout le monde ,
que bien loin d'être l'unique richeſſe ,
la plus ſolide & la plus profitable , l'argent n'eſt au contraire qu'un moyen
d'acquérir les vrais biens , les richeſſes
utiles & agréables , les richeſſes per-
manentes.

Les autres ſont déſirables *par elles-
mêmes* , pour en *jouir immédiatement*.
L'or & lʹargent , monnoies , ne ſont
deſirables que pour ſe procurer des
jouiſſances paſſageres ou renaiſſantes.

A quoi bon le tréſor qu'on ne voudroit pas dépenſer ? Mettez une pierre
à la place , vous diroit très bien le
fabuliſte.

Mais , Monſieur , toute dépenſe

eſt la preuve qu'on préfére tel & tel
objet à l'argent. Voyez combien de
préférences !

Vous ne me direz pas que le ven-
deur préfere de même , & par choix
l'argent à ſa marchandiſe. Vous ſavez bien que la plup..rt des ventes ſont
*forcé s* par une *néceſſité étrangere*. Le
cultivateur vend ſon meilleur froment
pour payer ſes impôts & ſa ferme ;
il mange du ſeigle , de lorge , des
criblures. Le vigneron vend ſes bons
vins & ne boit que de la piquette :
le manufacturier ſe paſſe très ſouvent
de ſes propres ouvrages ; & le pro-
verbe dit , comme vous ſavez , que
les Cordonniers ſont mal chauſſés.

L'argent n'a d'uſage préciſément
que dans le moment où on le dépenſe ; des habits , des meubles , des
bijoux , ſervent long-tems ; une mai-
ſon dure davantage.

Mais le meilleur , le plus ſûr emploi de l'argent, c'eſt, Monſieur, au jugement de tous les hommes ſenſés, l'acquiſition d'une terre cultivée, qui donne un revenu ſolide.

Après celui-là, vous trouverez que les capitaux ſont placés utilement à la fondation d'une manufacture, à l'établiſſement d'un commerce, à l'acquiſition d'une ſcience ou d'un talent lucratif.

*Dépenſer l'argent* pour ſe faire des rentes, ou du moins pour ſe procurer ſon bien-être, voilà tout ce qu'on veut quand on deſire *d'acquérir de l'argent.*

Les gens de la Ville qui ſont obligés de tout acheter, juſqu'à l'eau qu'ils boivent & juſqu'à l'air qu'ils reſpirent, ne penſent qu'à l'argent, parce-qu'il eſt tout pour eux.

Le propriétaire aiſé qui vit du produit de ſa terre, n'ayant à payer ni ſon loyer, ni ſon pain, ni ſon vin, ni ſa viande, ni la plupart de fes autres jouiffances, a mille fois moins befoin d'argent.

Ce n'eft pas à ces propriétaires qu'on peut faire illufion, en faifant fonner le mot d'argent à leurs oreilles ; ce n'eft pas à celui des cultiva-teurs ; ils vendent ce qu'ils ne peuvent pas s'empêcher de convertir en argent pour payer ce qu'ils doivent; ils aimeroient bien mieux le garder pour nourrir plus d'ouvriers de culture, pour femer davantage, & pour jouir eux-mêmes.

Ainfi, Monfieur, le feul bon fens dit à la claffe la plus nombreufe & la plus importante du Royaume, que l'argent n'eft pas tout, que l'argent même n'eft pas le principal. De bonnes avances, de bonnes récoltes ; voilà ce qu'ils demandent en premier lieu : qu'on leur permette d'en garder en nature une meilleure portion, qu'on

les difpenfe, le plus qu'il fera poffible, de l'obligation d'en vendre pour
faire de l'argent, voilà ce qu'ils demandent en fecond lieu : car cet ar-
gent-là n'eft pas pour eux, c'eft pour
les autres.

Quant aux capitaliftes, qui, par
état, accumulent des efpeces, & qui
fe font des revenus avec leur argent,
je conçois qu'ils ont un intérêt très
direct à le faire venir dans leurs
coffres, & à ne permettre qu'il en
forte qu'à bonnes enfeignes, pour
y revenir.

Mais, Monfieur, cet argent des
Capitaliftes, qui, felon vous-même,
peuvent toujours le cacher & le tranfporter ailleurs, n'appartient point à
l'Etat, où ils font leur domicile ; ils
le louent plus ou moins cher aux Souverains ou aux particuliers quelconques des quatre parties du monde.

La France eft bien riche, dites-
vous,

vous : pourquoi ? C'eſt qu'il eſt entré pour pluſieurs millions de métaux , & il n'en eſt point ſorti. Mais où ſont ces métaux ? Ils ſont en bonnes eſpeces dans les caiſſes de pluſieurs gros Capitaliſtes qui jouiſſent d'un grand crédit , & qui font la banque dans tout l'univers. Fort bien : mais les propriétaires ſont-ils plus riches ? les fermiers ſont-ils plus riches ; c'eſt-à-dire, vendent-ils mieux leurs denrées ? les manufacturiers, les commerçants , les artiſans ſont-ils plus riches ; c'eſt-à-dire, peuvent-ils nous donner leurs ouvrages & leurs ſalaires à plus bas prix, ou même à prix égal ? Voilà ce qu'il faut éclaircir.

Que ces mllionnaires *étrangers* ( car ils le ſont par-tout , ſelon votre propre aveu, tant qu'ils reſtent purement & ſimplement Capitaliſtes, ayant leur argent dans le coffre-fort ) amaſſent des tréſors ; c'eſt par ſoi-même une

chofe bien indifférence. S'ils les amaſ
ſent *aux dépens* des propriétaires, des
cultivateurs , des manufacturiers ,
des commerçants, des artiſans qui
ſervent à la Nation elle-même; c'eſt
un mal & un très grand mal. Leur
argent n'eſt point la richeſſe de l'Etat;
il en eſt la ruine. Ce ſont de très mauvais locataires, qui ſe font payer trop
cher par ceux qui les logent.

Mais ils le prêteront au Gouvernement, ſi le Prince veut faire des guerres brillantes au-dehors, ou s'il veut
éblouir au-dedans par le faſte de ſes
dépenſes d'oſtentation. Grand merci
du ſecret; vous n'en avez pas les
gants. La Gailligaï & le Maréchal
d'Ancre vous ont appris ce beau mé-
tier-là : les Mignons d'Henri III en
ſavoient auſſi quelque choſe. Si c'eſt
pour guerroyer qu'on emprunte, je
vois bien le profit des Munitionnaires
& des Fourniſſeurs, c'eſt le plus ſûr;

je vois des parchemins & des cordons
pour les Officiers de tout grade qui
n'auront pas la tête cassée ; je vois de
beaux matériaux pour la Gazette &
pour l'Histoire ; mais le bien de l'État
je ne le vois pas, & je doute, malgré
tout votre esprit, que vous me le
fassiez voir d'une maniere bien claire
& bien solide.

Supposez tout ce qu'il y a de plus
heureux ; une conquête, par exemple : c'est une belle chose que d'acquérir une Province !

Voudriez-vous bien nous calculer
combien il y auroit de profit pour
trois ou quatre de mes honnêres amis
du Périgord, si Louis XV, à la paix
de 1748, avoit reculé sa frontiere en
Flandres de deux ou trois lieues. C'est
la solution de ce problême qui nous
feroit voir clairement l'intérêt de la
Nation.

Mais pour parler de celui du Prince : j'ai vu, Monsieur, les deux dernieres guerres ; récapitulons, s'il vous plaît, les sommes incroyables qu'elles ont fait dépenser sur les revenus ordinaires ; celles qu'on s'est procurées par des additions d'impôts ; celles enfin qu'on emprunta pour subvenir aux frais de ces campagnes ; croyez-vous que les revenus de Louis XV n'eussent pas été plus augmentés par le bien-être que ces Peuples auroient goûté pendant la paix, s'il l'avoit eue, qu'ils ne le seroient même par la conquête d'une partie de la Flandres Autrichienne ? Je ne crois pas que vous en puissiez douter.

Emprunter pour faire la guerre, quand même on seroit sûr du succès, ce seroit donc évidemment une folie ruineuse. Hélas ! quel est le Souverain qui n'ait pas à conquérir une très grande partie de son propre Royaume ?

J'en ai vu, Monsieur, dans les

Provinces des Propriétaires mal avi-
fés qui ne pouvoient pas mettre en
valeur la moitié de leurs terres, &
qui s'écrafoient de dettes pour en
acheter encore d'autres ; mais auffi
j'en ai vu de très fages qui, fe voyant
un capital adventif, au lieu de le mettre en nouvelles acquifitions, l'em-
ployoient à l'amélioration de leurs anciens domaines : il en eft tout de même des Souverains ; ne pas faire la
guerre, ne pas augmenter les impôts,
ne pas emprunter, c'eft pour eux le
moyen le plus fûr de s'enrichir, en
faifant le bonheur de leurs Peuples.

Après des guerres problêmatiques
& ruineufes, après des regnes de fafte
& de diffolution, le Peuple doit encore le capital & de gros intérêts à ces
prêteurs, dont les capitaux accumulés
n'ont fervi qu'à faciliter les déprédations, & vous croiriez qu'on doit refpect & reconnoiffance à ceux qui les

ont prêtés , quand même ils ne les auroient amassés qu'à nos dépens : en vérité , Monsieur , ce seroit pousser trop loin la charité.

Mais enfin , *la circulation d'argent* qui se fait entre les individus & les classes d'une société policée, n'est-elle pas la vie politique des Etats ? Oui sans doute , Monsieur , nous en convenons tous avec vous , & le fameux tableau économique , si critiqué par ceux qui ne l'entendent pas, n'est destiné qu'à démontrer au doigt & à l'œil cette grande vérité.

Mais le plus ou le moins de numéraire physiquement introduit & conservé dans l'Etat, ne fait rien du tout par lui-même à cette *circulation*.

Vous savez mieux que moi, Monsieur, qu'un seul & même sac de cent pistoles paie souvent dans un seul & même jour dix à douze mille francs, & par conséquent le nombre des paiements ne dépend point du nombre des écus : vous en êtes bien perfuadé.

La *circulation générale* de l'Etat eft tout de même. Un Fermier paie fon Propriétaire & fes impôts ; l'argent qu'il donne pour prix de fon bail paffe des mains du Propriétaire dans celles des Marchands , des Artifans , des hommes de toute efpece , & retourne dans celles d'un Cultivateur , parce-que la derniere dépenfe de toute la claffe des Manufactures & de l'induftrie des Villes fe réduit aux fubfiftances & aux matieres premieres.

Augmentez la production des denrées & le produit net ou le prix des fermes , fans qu'il entre une feule piece de monnoie de plus dans le Royaume ; il s'y fera fûrement une plus *grande circulation* ; diminuez la production totale & le produit net , fans perdre un feul écu , la circula tion fera néceſſairement beaucoup moindre.

Auſſi, Monſieur, n'ignorez - vous pas la valeur de ces expreſſions populaires : *l'argent eſt rare, l'argent eſt commun.* Vous ſavez qu'ils ſignifient, non pas à la lettre, il y a moins de ſacs ; mais ceux qui exiſtent roulent moins, & ſervent au plus petit nombre de paiements.

Par exemple, quand les récoltes manquent, les Cultivateurs toujours preſſés par l'impôt ne peuvent payer les Propriétaires ; ceux-ci attendent & reſtraignent leurs dépenſes : les Ouvriers travaillent moins, les Manufacturiers n'ont qu'un médiocre débit : *on ne voit pas un écu,* diſent les gens des Villes.

Après avoir ſuppoſé deux pays abſolument ſemblables en tout ; augmentez d'un tiers les avances rurales du premier, sa production & son produit net, vous augmenterez nécessairement la circulation qui se fait entre les trois classes ; celle des Cultivateurs paiera plus d'argent aux Propriétaires, qui fourniront un plus grand revenu au Souverain ; toutes les deux ensemble auront plus le moyen d'acheter à la troisieme classe des ouvrages & marchandises, & cette derniere, à son tour, aura de quoi payer plus de subsistances & de matieres. Ces denrées de nouvel accroissement forment précisément l'augmentation des récoltes & du produit net. Non-seulement sans qu'il entre de l'argent, mais même quand il en sortiroit, le même sac fera quatre ou cinq paiements au lieu de trois : voilà tout le mystere. Mais pendant que le second pays restera dans le même état de cultures & de récoltes, la circulation y demeurera exactement la même.

La premiere, la plus grande, la plus importante néceffité n'eft donc pas de *faire entrer de l'argent* ou de *ne le pas laiffer fortir*.

Mais vous repouffez donc l'or & l'argent, vous ne faites donc aucun cas du Commerce étranger?

Pardonnez-moi, Monfieur; nous ne demandons là-deffus que liberté pléniere, comme fur tout le refte. La France ne cueille chez elle ni or, ni argent, comme elle ne produit ni fucre, ni café.

Permis aux Négociants d'acheter les métaux, les denrées & les marchandifes étrangeres, & de les débiter à leur gré, pourquoi pas? C'eft un échange très utile & très agréable; nous voudrions même qu'il fe fît avec pleine franchife, avec l'immunité la plus parfaite.

Mais ce Commerce étranger n'eft-il pas le principal, n'eft il pas le figne le plus évident de la profpérité d'un Etat? Non.

Le Commerce principal eft celui qui fe fait dans la Nation & pour la Nation; c'eft celui qui procure le bien-être & l'exiftence au plus grand nombre, c'eft celui qui marche immédia-tement avec la profpérité.

Quant au Commerce étranger; c'eft un figne très équivoque du bonheur public & de la bonne adminiftration.

Je fens, Monfieur, l'obligation où je fuis de prouver une propofition fi paradoxale à vos yeux : hélas! rien n'eft plus facile.

Prenons feulement un petit exemple. Nos pauvres Payfans de l'Orléanois fe paffent de bas, de bonnets & d'habits de laine, depuis que les impôts font devenus de jour en jour plus exceffifs.

Il refte encore en Sologne des brebis & des toifons, que devient la laine ?

Un de ces Manufacturiers que vous aimez tant , l'achete *à bon marché* , comme vous dites, pour vous en faire des calottes & des bonnets à l'usage des Turcs. On les envoie à Marseille, en retour on apporte du café du Levant & des tapis de Perse. Pour qui? Pour ceux qui s'enrichissent à la levée des impôts , pour les Manufacturiers , pour les Négociants privilégiés de Marseille.

En attendant, les vignes de l'Orléanois dépérissent, le Peuple est nud & mal à son aise.

Voulez-vous un autre exemple : la Caisse de Poissy , l'impôt des Boucheries , la régie des Cuirs réunis aux autres accroissements d'impôts , ont détruit les deux tiers de vos Tanneries. Le *Commerce extérieur* achete les autres denrées & marchandises que consommeroient les Propriétaires , les Cultivateurs enrichis par la vente du

bétail , les Entrepreneurs , les Ouvriers , les Marchands qui vivoient
fur la fabrication des peaux en France.
En retour de ces objets on apporte
des cuirs étrangers qui paient un plus
gros droit , & coûtent plus cher au
confommateur.

Je vous citerai , quand il vous plai-
ra , mille & mille autres preuves de
cette vérité ; » que l'accroiſſement du
» Commerce extérieur eſt un ſigne
» très équivoque de la bonne admi-
» niſtration & de la profpérité réelle
» d'un Etat ».

En un mot , Monfieur , voilà ce
que je vous propofe d'éclaircir.

Exiſte-t-il , ou non , deux manieres
d'opérer un accroiſſement du numéraire dans les mains des Capitaliſtes ,
un accroiſſement de population dans
les Manufactures les plus recherchées , & dans les Arts qui fervent
au fafte ; un accroiſſement dans le
Commerce extérieur ?

Nous foutenons qu'il y en a deux;
que l'une eft *bonne* & que l'autre eft
*mauvaife :* que l'une eft *jufte* & que
l'autre eft *injufte :* que l'une eft *plus
rapide ,* parcequ'elle l'eft trop , mais
auffi n'eft pas folide ; que l'autre eft
plus lente , mais plus durable.

La bonne, la jufte, la folide méthode eft de commencer par les Propriétaires & par les Cultivateurs ;
d'augmenter d'abord leurs *avances ,*
afin d'accroître les *récoltes* & le *produit net ;* afin d'avoir plus de *fubfiftances* & plus de *matieres premieres ,*
de plus grands *revenus annuels ,* & une
plus grande portion *difponible ;* afin
d'augmenter les Manufactures , le
Commerce & les Arts, le *Commerce
intérieur* le premier , parcequ'il fe
fait tout entier dans la Nation, par
la Nation, pour la Nation. Le Commerce extérieur enfuite , parcequ'il
n'eft qu'un fupplément de l'autre , un

*pis aller* dans toute la force du terme.

Cette méthode est celle d'Henri IV & de Sulli ; c'est à la perfectionner que tend la science économique.

La pratique en est simple & facile. Soulagez le Peuple du poids énorme des impôts qui l'accablent ; que le Roi continue de ne point emprunter & de payer exactement les intérêts de la dette publique , jusqu'à ce qu'il puisse entamer les remboursements des capitaux ; que l'ordre s'établisse dans la dépense du Souverain. Qu'on accorde aux cultivateurs , aux manufactures, au commerce & aux arts pleine franchise & liberté parfaite , qu'on abroge toute formalité , tous réglements , toute exaction fiscale.

L'autre méthode est celle de Louis XIV & de Colbert , elle consiste à fixer & rançonner les propriétaires & les cultivateurs par des prohibitions, des contraintes , des taxes , des droits

de toute espece , afin de favoriser
*à leurs dépens* ( car vous en convenez
vous-même de bonne foi , que c'est
*à leurs dépens* ) cette classe de manufactures plus recherchées & du commerce extérieur.

C'est une *injustice* & une *folie* ;
une injustice vis-à-vis des propriétaires & des cultivateurs , qu'on
oblige, selon vous-même, à des *privations* & des *sacrifices* ; une folie
pour la classe même du commerce &
de l'industrie , qui *mange son propre
fonds* , en faisant *son profit* pour le
moment, *aux dépens* des *Propriétaires*
& des *Cultivateurs* , puisqu'elle détruit ses subsistances & les matieres
de ses ouvrages.

Si les déprédations fiscales & les
profusions du faste mal entendu, font
*prospérer* pour quelque moment les
*Arts* qui servent, comme vous dites,
le luxe & la vanité des riches Nationaux ,

naux , des part prenants de l'exaction ou du gaſpillage , & des Etrangers , c'eſt un grand mal que cette *proſpérité paſſagere.*

Vous convenez vous - même que nous en avons aſſez & même trop ; mais j'ai prouvé que nous avons trop peu d'avances rurales , trop peu de Commerce intérieur & de Manufactures populaires , même trop peu de bleds depuis dix ans , & vous en êtes d'accord.

Ce n'eſt donc pas le régime de Louis XIV & de Colbert qu'il nous faut , c'eſt celui de Henri IV & de Sulli. Tel eſt le point précis ſur lequel j'oſe , Monſieur, vous demander une explication nette & précife.

# TROISIEME OBJET D'ÉCLAIRCISSEMENTS.

*Nouveau systême de législation sur le commerce des grains proposé par M. N. Objet principal de ces réglemens ; examen des motifs qui les font proposer, & des effets qui pourroient en résulter.*

A PRÈS avoir exposé vos idées philosophiques, sur l'origine & sur la nature des rapports, qui constituent les sociétés policées ; après avoir établi vos principes d'économie politique, & vos regles fondamentales d'administration économique ; vous descendez enfin, Monsieur, à tous les détails du sujet très important, qui fait la matiere de votre ouvrage ; vous annoncez vos projets sur le commerce des grains, & vous nous prescrivez une législation toute nouvelle.

( 211 )

Mais avant d'en examiner les conditions & les suites, il m'a paru nécessaire d'éclaircir encore le but que vous vous proposiez, en imaginant pour nous un syftême de réglemens.

Ce n'eft sûrement pas en faveur des propriétaires & des cultivateurs, que vous avez bien voulu rédiger ces Loix prohibitives ; vous essayez de prouver qu'elles ne font pas capables de leur caufer un préjudice énorme ni perpétuel, nous examinerons cet article en fon temps.

Mais, au moins, pourroit-on croire que votre syftême eft néceffaire à tout homme qui vit de fon travail.

Au commencement & à la fin de votre Livre, vous parlez du peuple, vous reclamez en fon nom, *l'humanité*, la *bienfaifance*, ( tom. premier, pag. 6 ( tom. 2, pag. 171 ). Un fi beau zele a dû vous concilier bien des suffrages.

Cependant, Monſieur, dans l'ex-poſition détaillée de vos principes & de vos vues, je trouve que cette bien-faiſance eſt réduite par vous-même à des limites bien étroites.

Je ne veux pas vous analyſer ; il faut que je vous copie, dans la crainte que nos Lecteurs ne me ſoupçonnent d'altérer vos idées. Voici donc vos propres termes :

« Si le prix conſtant des bleds in-
» téreſſe . peu les propriétaires des
» terres, il ſemble que le même prix
» doit être pareillement indifférent
» aux ouvriers d'induſtrie ; puiſque
» le prix de leur journée s'y propor-
» tionne. Cependant cette propoſi-
» tion n'eſt juſte qu'à certains égards.
» Tâchons de faire la diſtinction
» qu'elle exige.

» Le prix conſtant des denrées *eſt*
» *indifferent à la claſſe d'ouvriers*, qui
» *n'a point à craindre la concurrence*

» *étrangere* ; tels font les hommes
» attachés à la terre, les domeſtiques
» de toute efpece, les Maçons, les
» Charpentiers, & toutes les perfon-
» nes enfin d'ont l'induſtrie ne con-
» ſiſte pas en *ouvrages tranfportables*,
» mais en fervices qui exigent leur
» préfence.

» On peut ajouter encore à cette
» énumération, les *fabricants* des ou-
» vrages tranfportables, mais d'un
» trop petit prix, ou d'un trop gros
» volume, pour que les Etrangers,
» affujettis à payer des frais de tranf-
» port, puflent devenir les concur-
» rents des ouvriers nationaux.

» Toute cette claffe d'hommes in-
» duſtrieux, eſt sûre que, dans un
» temps donné, le prix de fes tra-
» vaux fera proportionné aux prix des
» fubfiſtances. Ainfi, le prix conſtant
» des graïns *eſt auſſi indifférent* pour

» elle que pour la claſſe des proprié-
» taires ».

Elle eſt longue , Monſieur , cette
liſte des Citoyens , qui n'ont rien à
gagner aux ſoins que prend votre
follicitude bienfaiſante. Voyons donc
quels en ſont les objets.

« Mais tous les ouvriers en galons,
» en broderies , en dentelles , en
» montres, en bijoux de toute eſ-
» pece , &c. ( cet &c. eſt de votre
» texte ) peuvent craindre la concur-
» rence étrangere , parceque les frais
» de tranſport ne forment pas un ob-
» jet conſidérable ſur une marchan-
» diſe précieuſe , ni même ſur une
» marchandiſe commune quand elle
» eſt de petit volume.

.... » Il réſulte de ces différentes
» circonſtances, que beaucoup de Fa-
» bricants *nationaux* ont un grand in-
» térêt à la modération du prix des

» subsistances, afin que celui de leur
» ouvrage soit pareillement *modéré*,
» & que les propriétaires de riches-
» ses ne trouvent pas leur avantage
» à donner la préférence aux travaux
» des autres Royaumes ; & cet in-
» térêt des Manufacturiers ( en ga-
» lons, broderies & bijoux ) devient
» un intérêt *social*; puisque toutes
» les fois qu'on achete au-dehors.des
» ouvrages de l'industrie, on favo-
» rise la population & la richesse
» étrangere aux dépens de la pros-
» périté nationale ». Tel est, mot à
mot, le Chapitre vingt deuxieme de
votre premiere partie, dont j'ai trans-
crit plus des trois quarts ( *pag.* 118
& *suivantes.*

Il m'a paru nécessaire de montrer
quelle est la portion du peuple à laquelle votre législation est *indifférente*
selon vous-même, & quelle est la
portion de ce même peuple à laquelle

vous avez eu deffein de vous rendre *utile.*

Au refte , Monfieur , je dois commencer par vous rendre la juftice qui vous eft dûe. Vous convenez ici d'un fait très important , qui nous eft contefté par des Ecrivains , dont les lumieres ou la bonne foi n'égalent pas les vôtres.

Dans Paris où l'on peut tout affurer & tout écrire , on nous certifioit , de la maniere la plus pofitive , que les *falaires des ouvriers* n'avoient point augmenté du tout , ou du moins qu'ils ne s'étoient point accrus dans la même proportion que l'augmentation du prix des grains.

Vous avez l'efprit trop jufte , pour n'avoir pas fenti , par la théorie , que c'eft une fuppofition impoffible ; & par les faits , que c'eft une affertion fauffe.

On trouve dans un Journal poli-

tique & dans une petite Brochure ,
qui porte pour épigraphe : *Panem
noſtrum quotidianum*, ce calcul ſingulier , que depuis dix ans les propriétaires des terres à bled & les Fermiers
ont dû gagner *ſix milliards* ſur le pain
du pauvre peuple (Journal du 1 5 Dé-
cembre 1774 , pag. 2 34 ).

Or ces ſix milliards , les Propriétaires & les Fermiers *ne les ont pas dé-
penſés* : car , pour *dépenſer* 600 mi-
lions de plus par an , il faudroit de
deux choſes l'une , ou qu'il fût *ſur-
venu* dans le Royaume au moins *un
million & demi d'ouvriers de plus* , à
raiſon de 450 liv. par an l'un portant
l'autre ; ce qui eſt un bon prix ; ou
qu'on eût *augmenté* les *ſalaires* des
*anciens*. Je défie qu'on dépenſe au-
trement les 6 milliards.

Mais , ſuivant les mêmes Auteurs ,
le Royaume s'eſt *dépeuplé* depuis dix
ans , bien loin d'avoir acquis un mil-

lion & demi de nouveaux habitants.

Les six milliards font donc reftés en bel & bon argent comptant dans les coffres des Propriétaires & des Fermiers.

La fomme eft un peu forte ; vous êtes plus à portée que moi de vérifier qu'on ne verroit pas un écu dans notre Europe , fi les Propriétaires & les Fermiers des terres à bled tenoient enfermés pour fix milliards d'efpece numéraires ; ainfi vous n'avez pas été la dupe d'un calcul fi bifare. La fpéculation feule vous aura fait fourire , & voilà tout.

D'ailleurs , en obfervateur attentif , vous aurez pu vous informer du fait.

Vous convenez en conféquence de cette vérité, » que dans un temps » donné le prix des travaux fe pro- » portionne au prix des fubfiftances.

Mais vous avez cela de commun

avec les autres Ecrivains, que vous
fuppofez comme une vérité certaine,
& même, en quelque forte, comme
une vérité par nous reconnue. » que
» la liberté du commerce des grains
» a pour effet infaillible *le renchérif-*
» *fement.*

Mais, dans le vrai, nous avons re-
clamé fans ceffe contre cette affertion
tant de fois répétée.

Il y a, Monfieur, un *problême fondamental*, fur la liberté du commerce,
qui confifte à prouver qu'elle fait
en même-temps le *profit* des *producteurs* qui font les Fermiers & les Propriétaires de la campagne, & le *profit des confommateurs* qui font les ouvriers des Villes.

Si vous aviez attaqué ce problême
& les démonftrations que nous en
avons tous donné depuis douze ans,
je répondrois à vos difficultés fur ce
point capital ; mais vous n'en dites pas
un mot dans votre Ouvrage.

Qu'en réfulte-t il ? que vous avez fait un gros livre fur une matiere, fans l'avoir même entamée, *fans avoir feulement pofé l'état de la queftion.*

## N°. PREMIER.

*Que le but des Partifans de la liberté n'eft point de renchérir le prix du pain pour le Confommateur. Que ce renchériffement n'eft point l'effet des loix actuelles. Preuves de cette vérité, que le prix naturel, maintenu par la liberté, eft également avantageux au Producteur de la campagne & au Confommateur de la ville.*

C'eft donc la manie perpétuelle des Anti-Economiftes de fuppofer comme une vérité reconnue cette infigne calomnie, que nous défirons la *cherté du pain :* que cette *cherté* fut & fera toujours la fuite naturelle & infaillible de la liberté.

C'eſt par cet artifice que les partiſans très intéreſſés de tout impôt ruineux, de toute police réglémentaire, de toute déprédation, s'efforcent de rendre la ſcience économique odieuſe au peuple des villes, & ſurtout à celui de la Capitale.

Rien n'eſt plus groſſier que cet artifice, & j'eſpere vous en convaincre dans un moment. Il réuſſit néanmoins par le nombre, par l'aſſurance, & par le zèle des ſang-ſues du peuple & des trompettes qu'ils ont grand ſoin de ſalarier pour faire des dupes.

Vous êtes, Monſieur, trop honnête, trop éclairé, trop ſage, pour avancer une ſemblable calomnie : mais ſans l'énoncer formellement, vous donneriez ( ſans doute involontairement ) trop d'avantage à ce parti des exacteurs, ſi vous refuſiez des éclairciſſements.

Vous prenez pour bafe de tous vos raifonnements cette même fuppofitions : « que la liberté du com-» merce renchérit le pain du con-» fommateur ». Vous ne daignez pas examiner cette propofition ; vous ne faites aucune mention de nos réclamations à cet égard ; vous n'attaquez ni les preuves de droit, ni les preuves de fait, par nous cent fois alléguées.

Mais au moins faut-il favoir ce que nous voulons avant de nous refuter ; il le faut, fur-tout pour ne pas tomber dans l'inconvénient de nous attribuer le contraire de nos vues & de nos deffeins.

Je fuis donc obligé de vous le rappeller. Selon nous, le Propriétaire, traiteroit librement avec fon Fermier, qu'il garantiroit de tout-impôt quelconque, de toute taxe, de toute prohibition, de toute contrainte.

( 223 )

Pour se procurer cette pleine franchise de ses Fermiers , celle de tous les Marchands , de tous les Ouvriers & Salariés quelconques , le Propriétaire partageroit avec le Souverain en lui donnant telle ou telle portion du prix de sa Ferme.

Le Fermier vendroit son grain à de bons Meûniers , qui sauroient tirer le meilleur parti possible de ces denrées , par la bonne moûture & le bon assortiment des farines.

Le Meûnier vendroit ses farines au Boulanger , qui feroit de bon pain. La vente , l'achat , le transport , la garde des grains , le moulage , l'assortiment , le débit des farines , la fabrication , l'exposition & la vente du pain , seroient libres à tout le monde, *sans rien payer* , à toutes les heures du jour , & dans tous les lieux du Royaume.

Nous disons d'abord *pourquoi pas ?*

C'eſt un grand argument que celui-là , quoiqu'il n'en ait pas l'air , à cauſe de la ſimplicité des expreſſions.

Cette *liberté*, cette *immunité*, ſont l'état *primitif* & *naturel* des hommes. Ce ſont très evidemment les réglemens & les exactions , qui doivent paroître *des ſyſtêmes* nouveaux & inventés après coup.

Ces ſyſtêmes violent , ſelon vous-même , les droits de juſtice & de propriété. Il ne ſuffit donc pas d'avoir *des doutes* pour les adopter , il faudroit *une certitude.*

Ce n'eſt donc pas à nous à prouver , c'eſt à nos adverſaires. Où eſt *le mal* occaſionné par la liberté, par l'immunité ( nous diſons *le mal démontré* ) qui naïſſe eſſentiellement d'une maniere directe & infaillible de la pleine franchiſe ?

Nous pourrions nous en tenir à cette réponſe ; vous avez l'eſprit trop

juſte

juste & le cœur trop droit , pour ne pas convenir qu'elle est très forte. Vous n'oppofez que des doutes & des craintes , des poffibilités , dont j'efpere même qu'il fera facile de vous montrer le néant.

Mais nous allons plus loin ; nous difons : Il fe trouve par l'ordre de la Nature & par les décrets de la Providence des variétés dans les récoltes , fuivant les années & les climats : il y en a de médiocres , il y en a de bonnes , de très bonnes , mais il y en a de mauvaifes & de très mauvaifes.

Sans le foin de celui qui garde & qui tranfporte , qu'arriveroit-il ? Dans les bonnes années , les producteurs rifqueroient d'être furchargés de grains qu'ils ne pourroient pas vendre. Dans les mauvaifes , les confommateurs rifqueroient de mourir de faim.

P

Les villes Capitales souffriroient des disettes, même dans les années les plus abondantes, si on ne faisoit pas venir leurs subsistances de cinquante lieues à la ronde. Deux ou trois récoltes mauvaises, ou même médiocres, affameroient une Province, si les autres ne pouvoient lui donner aucun secours, après qu'elle auroit épuisé ses réserves.

Il faut donc un commerce qui *conserve* & qui *transporte* les denrées d'un lieu dans un autre; premiere vérité convenue. Vous essayez, Monsieur, non pas de combattre directement cette proposition trop évidente, mais d'y jetter une espece de louche dans les troisieme, quatrieme & cinquieme chapitres de votre seconde Partie. ( pag. 202 & suiv. ) Je dissiperai ces petits nuages.

Mais vous commencez par convenir ( pag. 194 & 195. ) de l'utilité,

de la néceffité même de ce commerce.
« Une Province , dites-vous , a du
» fuperflu ; une autre eft dans la di-
» fette ; il n'eft rien de plus con-
» forme à la juftice & aux principes
» de fociété que de permettre à ces
» deux Provinces de s'entre aider
» mutuellement ; l'une en recevant
» un fecours qui lui eft néceffaire ;
» l'autre en échangeant un fuperflu
» qui lui feroit inutile contre les
» biens dont elle eft privée. »

... « Si le commerce achete dans
» une année très fertile , avec le
» deffein de garder jufqu'à la fui-
» vante , il rend encore fervice à
» la fociété, puifqu'il prévient une
» baiffe trop fenfible , & fait fervir
» fes capitaux à conferver dans le
» Royaume une denrée précieufe. «
Vous obfervez , à peu près comme
nous, que le commerce qui conferve
& qui tranfporte les grains , des

temps & des lieux où ils *furabondent*, pour le foulagement des temps & des lieux où ils manquent, *égalife le prix* ; c'eft-à-dire, qu'il empêche les alternatives de *chertés affreufes* & de *nulle valeur* , qui fe fuccéderoient alternativement fans cette communication.

Il ne tenoit qu'à vous de calculer que ces alternatives font également ruineufes , pour le producteur des campagnes & pour le confommateur des villes.

Vous auriez trouvé ce calcul dans plufieurs de nos Ouvrages , & notamment les Nouvelles Ephémérides Economiques de cette année 1775 , tome I.

En effet, Monfieur, qu'un homme de la ville achete deux ou trois feptiers de bled par chaque année , fur le pied de 16 liv. le feptier dans les temps d'abondance , vous convenez que c'eft un très bas prix, puifque vous fixez à 20 francs le taux qui vous paroît exiger la fortie des grains hors du Royaume ; mais que dans les mauvaifes années ils les achete à 48 liv. ( nous verrons toute à l'heure que ce n'eft pas une cherté fort extraordinaire ), il n'en eft pas moins vrai que 48 & 16 font 64, par conféquent le prix moyen eft 32 ; ainfi les feptiers de bled coûteroient, en ce cas, l'un portant l'autre, 32 livres chaque à ce confommateur.

Un commerce qui conferveroit les bleds de la bonne année pour la difette, & qui les apporteroit librement des pays abondants à ceux qui fouffrent, *égaliferoit mieux les prix ;* de maniere qu'on acheteroit le feptier environ 24 francs dans le bon temps, & 34 dans le mauvais ; mais 34 & 24 ne font que 58 ; & la moitié de 58 n'eft que 29.

Ainſi , Monſieur , le commerce libre ſeroit profitable au conſommateur des villes, qui ne débourſeroit au total que 58 , au lieu de 64 , pour avoir deux ſeptiers de bled , l'un dans la bonne année , l'autre dans la mauvaiſe.

Dans le cas des variétés , ce conſommateur acheteroit ſon grain , l'un portant l'autre , à 32 liv. le ſeptier ; au lieu que, dans le cas de légaliſation des prix , il ne l'acheteroit qu'à 29 livres , compenſation faite de l'un par l'autre.

L'avantage des hommes de la Ville eſt donc indubitable.

Celui des producteurs de la campagne ne l'eſt pas moins. En voici la raiſon bien frappante , quoique fort ignorée de la plupart de ceux qui raiſonnent ſur cette matiere.

C'eſt , Monſieur , que le producteur n'a pas tous les ans autant de bleds à vendre ; il s'en faut beaucoup : au lieu que le confommateur des Villes en mange à peu près autant tous les ans.

Dans les très mauvaifes années, plufieurs cultivateurs n'ont rien ou prefque rien de refte ; il arrive quelquefois qu'ils font obligés d'acheter eux mêmes de quoi femer , & une partie de leurs fubfiftances.

Le bled a beau valoir cinquante francs & plus : ce prix exceffif pour le confommateur ne fait aucune compenfation en faveur du laboureur *qui ne vend pas* ; il fait *contre* celui qui eft obligé d'acheter lui-même.

Voudrez vous bien , Monfieur , me donner un petit moment d'attention ? je vous ferai faire une remarque très effentielle , qu'on ne feroit jamais de foi-même dans une Ville.

Sur fix feptiers de grain récolté , il eft très rare que le cultivateur en puiſſe vendre deux ; ſix ſeptiers ſont le produit d'un très bon arpent ; mais il en faut ſemer un , il en faut manger trois.

Une récolte *médiocre* eſt celle qui rend un ſixieme de moins, vous en conviendrez. L'arpent ne produira donc en une année médiocre, que 5 ſeptiers.

Mais , Monſieur , il faut toujours ſemer & manger également ; les 4 ſeptiers ſe prélevent donc à l'ordinaire : on n'en peut vendre qu'un ſeul.

Un ſixieme de *déficit* ſur la récolte fait donc une grande moitié moins ſur la vente.

Que Dieu détruiſe le quart des moiſſons au lieu du ſixieme. On ne ceuillera que 4 ſeptiers & demi au lieu de ſix. On ne pourra plus en vendre que la *moitié* d'un au lieu de deux.

Les trois quarts de la vente ſont donc anéantis, quand il ſe perd un quart feulement de la production totale.

Ne comptez le feptier qu'à 15 francs; les deux valent 30 livres ; mais pour fe mettre au pair , quand il n'en a qu'un demi à vendre , il faudroit que le feptier fe vendît 60 francs , quand il y a feulement diminution d'un quart fur la récolte ; il faudroit qu'il valut 30 francs , toutes les fois que la récolte eft feulement diminuée d'un fixieme.

Si la perte de la production totale eft d'un tiers , notre cultivateur n'a rien du tout à vendre , quand même le bled monteroit à 72 livres , il n'y gagne pas.

Enfin , fi la perte eft de moitié ; ce qui n'eft pas innoui , les prix font ex-ceffifs ; mais le Fermier , bien loin de vendre , eft obligé d'hacheter lui-même.

D'autant mieux que dans les mau-vaifes années, les bleds d'ordinaire ne valent rien à femer.

L'intérêt du cultivateur n'eſt donc
pas que le *bled ſoit cher* dans les années de diſette ; il n'y gagne rien,
il y perd

Cet intérêt du cultivateur , eſt
celui que les Economiſtes ont toujours pris en main : celui qu'ils ne
ceſſeront de défendre , envers & contre tous , ſans exception.

Oui , Monſieur , nous voulons meilleur marché dans les temps de diſette : par exemple , que le plus haut
prix ſoit d'environ trente francs , &
de moins s'il eſt poſſible.

Mais nous ne voulons point de
*bas prix* dans les bonnes années ,
parceque c'eſt la ruine des Fermiers,
des Propriétaires , du Clergé , de la
Nobleſſe , du Souverain lui même ;
& par un contre-coup néceſſaire , la
ruine des Manufacturiers , des Marchands , des Artiſans *nationaux* ; c'eſt-
à-dire , qui travaillent pour la Nation.

( 235 )

C'eft ce *bas prix* qui caufe enfuite les *chertés exceffives*. Les cultivateurs qui vendent mal , n'ont ni le moyen , ni l'émulation d'améliorer leurs atteliers, leurs avances & leurs travaux ; les terres font abandonnées : on les cultive mal. Arrivent les accidents : une partie de la denrée a été gafpillée ; on l'a laiffé manger aux animaux, germer & pourrir faute de foin & d'intérêt , parcequ'elle ne fe vendoit pas. La difette venant , les gens de la Ville achetent fort cher le bled des Pays étrangers , ou de quelques Monopoleurs privilégiés ; mais les cultivateurs n'en retirent aucun profit de leur mifere.

La liberté du Commerce opere précifément le contraire ; elle foutient le prix dans les années abondantes. Suppofons qu'elle le porte de 16 à 24 livres, alors le cultivateur vend deux feptiers par arpent ; c'eft

16 liv. de profit ; il a de l'émulation & des moyens , il *améliore* fa culture.

Arrivent les mauvaifes années. L'augmentation qu'il a faite dans fes avances & dans fes travaux rend le mal un peu moindre ; le bled ne vaut que 32 à 34 livres , au lieu de 50 à 60 francs , où il auroit monté fans la liberté du commerce , qui a confervé & qui apporte ; mais c'eft un bien pour lui , plutôt qu'un mal.

Au lieu d'un demi feptier par arpent , il en vendra les deux tiers : par exemple , à 33 livres , ces deux tiers font 22 francs. Joignez cette fomme aux 48 livres qu'il a reçues dans la bonne année ; c'eft 70 livres de recette.

Dans le cas d'alternatives caufées par le défaut de liberté , fa recette auroit été, dans la bonne année , 32 francs pour deux feptiers , à raifon de 16 ; & 26 livres pour un demi septier à 52 francs ; en tout 58 liv. & 12 francs de perte sur les deux ans pour le Fermier , par chaque arpent.

Cependant , Monsieur , je le répete ( car , nous ne pouvons trop répeter ) , voici , dans les mêmes cas , le calcul du consommateur , 24 francs pour la bonne année , & 34 liv. pour la mauvaise , font 58 livres. Le prix moyen est 29 livres ; c'est le cas de légalisation des prix par la liberté.

Dans le cas des prohibitions , 16 & 52 font 68 ; le prix moyen est 34.

La liberté du commerce , en égalisant les prix , les diminue donc pour le consommateur en même - temps qu'elle les augmente pour le producteur.

Pourquoi ? c'est qu'elle augmente ces prix dans les années abondantes , où le cultivateur vend beaucoup ; & qu'elle les diminue dans les années défectueuses, où il vend peu ou point du tout ; au lieu que le consommateur des Villes mange à-peu près également dans tous les temps.

C'est ainsi, Monsieur, que dans une société bien organisée, le *profit* des uns ne se fait pas *aux dépens des autres*, comme vous le dites ; mais, au contraire, avec l'avantage de tous les autres.

Je reviens, & je demande comment il peut se faire que ce problême fondamental, par nous tant de fois & si clairement expliqué, soit totalement passé sous silence, dans un Ouvrage considérable, que vous publiez sur cette matiere ?

C'est là le point capital : vous l'avez peut être envisagé comme une simple spéculation. En ce cas là même, il valoit au moins la peine d'être réfuté : vous répondez à des objections bien moins fpécieufes.

Mais, Monfieur, ce n'eft pas une théorie que je viens de vous expofer ; ce font les faits hiftoriques, parfaitement d'accords avec le raifonnement : je vais encore vous en répéter la preuve pour la vingtieme fois.

## N°. I I.

*Preuves de fait que ce font les Réglements & les prohibitions fur le commerce des grains, qui renchériffent le pain du confommateur des Villes; que c'eft la liberté qui le diminue de prix , bien loin de le renchérir.*

On diroit, Monfieur , que vous avez fenti la force du détail hiftorique fur le prix des bleds que je vais vous donner : vous avez fait, pour l'éluder , un Chapitre fixieme dans votre feconde Partie (*p.* 228 )fous ce

titre » fur les Arguments tirés des
» anciens faits ».

Dans ce Chapitre, vous infinuez
adroitement qu'il s'agiroit de quelques petits faits antiques ; par conféquent peu certains ; d'ailleurs ifolés ,
& de mince conféquence.

Vous nous faites dire ( page 229 )
» en telle année, époque de prohi-
» bition, le bled fut à un prix ex-
» ceffif ».

» A telle année , époque de la li-
» berté , le bled fut à bas prix, &
» l'abondance régna par-tout ».

Permettez-moi de vous obferver
que nos obfervations hiftoriques deviennent bien maigres fous votre plume : vous-en jugerez vous même ,
ainfi que nos lecteurs.

Je vais tranfcrire, pour la troifieme
fois mot à mot, une partie du Dif-
cours que M. de Chavannes, Confeil-
ler

ler de Grand'Chambre au Parlement
de Paris, prononça le 28 Novembre
1768, dans la grande assemblée de
Police qui se tint au Palais. Il dit :

» Que les chertés étoient fréquen-
» tes sous le régime de l'ancienne lé-
» gislation, & qu'en parcourant seu-
» lement les Regnes de Louis XIII
» & de Louis XIV, & les temps de
» leur pleine majorité, on trouvera
» des chertés en 1621, 1626, 1630,
» 1660, 1693, 1698, 1709; que
» plusieurs avoient duré quatre à
» cinq années, quelques-unes da-
» vantage, & qu'on voyoit que sur
» quatre-vingt-huit ans que les ma-
» jorités de ces deux regnes avoient
« duré, il y avoit eu trente-quatre
» années de cherté, dans plusieurs
» desquelles le bled avoit été porté
» jusqu'à 86, 89 & 97 livres le septier,
» & le pain jusqu'à douze & quinze
» sols la livre, monnoie actuelle ;

Q

» que ces hauts prix ne s'étoient
» point soutenus pendant tout le
» temps des chertés ; mais que le
» prix commun , pendant cinq ans ,
» avoit été de 42 livres 18 fols ;
» pendant deux de 53 livres 19 fols ;
» pendant trois ans , de 38 liv. 9 fols ;
» & pendant deux ans , de 63 livres
» 17 fols ; qu'ainfi les temps de l'an-
» cienne légiflation avoient été beau-
» coup plus malheureux que ceux-ci.

» Qu'on prétend à la vérité que
» c'étoit l'oubli des Loix qui ame-
» noit la cherté , & que dès qu'on
» les faifoit exécuter , le bon marché
» revenoit avec l'abondance ; mais
» que pour juger de l'effet des Ré-
» glements , il n'y avoit qu'à conful-
» ter le Traité de la Police , & y
» joindre les tableaux des prix de Ro-
» zoy , donné au public par M. Du-
» pré de Saint Maur , dans fon Effai
» fur les Monnoies , qu'on y verroit ,

» au contraire , que les efforts des
» Magiſtrats n'avoient point été cou-
» ronnés des ſuccès que méritoit la
» pureté de leurs intentions.

» Que ce qu'on connoiſſoit de ce
» qui s'étoit paſſé en 1621 , ſe rédui-
» ſoit à une Sentence de Police rendue
» le 8 Janvier 1622 , qui n'empêcha
» point que le bled n'augmentât ,
» & ne ſe ſoutînt pendant deux ans ,
» au prix de vingt-huit & de vingt-
» neuf livres au marché de Rozoy ;
» ce qui étoit régardé alors comme
» un prix exceſſif.

» Qu'en 1630 , les premieres in-
» quiétudes ſe maniſeſterent au mois
» de Juillet ; qu'alors le bled étoit à
» Rozoy à vingt-neuf livres ; qu'on
» tint une aſſemblée genérale de Po-
» lice ; qu'on diſtribua des Commiſ-
» ſaires ſur les ports & dans les halles ;
» qu'on en députa ſix dans les Pro-
» vinces qui environnent Paris , pour

» faire arriver des grains ; que le
» Commiſſaire Lamare dit qu'ils en
» firent en effet arriver , & que la
» cherté ceſſa avec la diſette ; mais
» que n'étant pas entré à cet égard
» dans aucun détail, on ignore quel
» fût préciſément à Paris l'effet de
» cet approviſionnement ; qu'il y avoit
» toute apparence qu'il ne produiſit
» qu'une diminution artificielle &
» éphémere, puiſqu'il étoit conſtant,
» par les tables du marché de Rozoy ,
» que le prix commun des bleds fut à
» Rozoy, pendant toute l'année 1630,
» de 47 liv. 16 ſols ; pendant l'année
» 1632 , de 37 liv. 18 ſ. 10 deniers
» & qu'il ne tomba à 28 liv. 10 ſols
» qu'au mois d'Avril 1633 ; qu'ainſi
» les deſcentes des Commiſſaires ne
» produiſirent aucune diminution
» réelle.

 » Qu'en 1660, il paroiſſoit que plus
» la Police avoit redoublé de ſévérité,

» plus le bled avoit augmenté de prix.

» Que, fuivant le Commiffaire
» Lamare, il valoit au mois de Juin
» 1660, 25 liv. 10 fols ; qu'il fut
» porté en très peu de temps à 65 l.
» 10 fols. Après avoir févi contre
» quelques Marchands, on députa
» neuf Commiffaires au Châtelet,
» pour fe tranfporter dans les Pro-
» vinces, informer des abus, faire
» ouvrir des magafins, & amener des
» bleds à Paris. Ils partirent au mois
» d'Octobre, & trouverent neuf mille
» quatre cents cinquante muids (1) 8
» feptiers de bled ; ils en firent partir
» trois mille fix cents pour Paris, ar-
» rêterent le refte, jufqu'à ce qu'ils
» euffent des voitures, & le bled baif-
» fa, fuivant le Commiffaire La-
» mare, à 44 liv. 10 fols.

» Que les chofes avoient pu fe

_______________________________

(1) C'eft de quoi nourrir Paris un peu
moins de quatre jours.

» paffer ainfi à Paris ; mais que tous
» ces mouvements n'avoient eu au-
» cune influence fur le marché de
» Rozoy ; qu'il n'éprouva dans cette
» époque ni la cherté exceffive de 65
» livres , ni les diminutions fi fen-
» fibles au marché de Paris , & que le
» bled , qui étoit, le 2 Octobre 1660,
» à 48 livres 12 fols , fe foutint à peu-
» près au même prix jufqu'au mois
» d'Octobre 1661.

» Qu'i s'étoit élevé un conflit en-
» tre les Offi iers du Châtelet & ceux
» du Bureau de la Ville ; que pendant
» ce conflit leur activité réciproque
» avoit été fufpendue , & que le bled
» étoit demeuré à Rozoy, toujours
» au même état.

» Que ce conflit ayant été décidé le
» 19 Août 1661 , la vigilance de ces
» Officiers fe ranima fans doute , &
» le bled, fuivant le Commiffaire
» Lamare , fut porté à Paris , au
» mois d'Août à 74 liv.

» Que les Arrêts du Parlement,
» ceux du Conseil, se multiplierent
» pour ramener l'abondance à Paris,
» pour y faire arriver, soit les bleds
» des Provinces voisines, soit ceux
» qui avoient été achetés dans les
» pays étrangers.

» Que pour connoître quelle in-
» fluence ces Arrêts avoient eue sur le
» prix du bled, il falloit consulter les
» tables des prix du marché de Rozoy ;
» qu'on y verroit qu'il fut à Rozoy
» au 4 Octobre, à 58 liv. 19 sols ;
» au premier Janvier 1662, a 58
» liv. 16 sols 8 deniers; au premier
» Avril à 66 liv. 17 s. 4 den. ; au pre-
» mier Juillet, à 77 liv. 1 sol ; qu'il
» fut à Paris à un prix encore plus ex-
» cessif, vers le mois de Mai, puis-
» qu'il y valut, suivant le Commis-
» saire Lamare, 97 liv. 7 s. & le pain
» 15 sols la livre ; qu'ainsi les saisies,
» Ordonnances, Sentences , Arrêts,

» multipliés pendant vingt mois, ne
» purent l'empêcher de venir à cet
» excès, & que ce ne fut que lorf-
» que les bleds, que le Roi avoit fait
» acheter, arriverent, que le prix en
» diminua.

» Que les chertés 1672, 1698 &
» 1709, préfentoient à peu-près les
» mêmes tableaux & les mêmes ré-
» fultats ; qu'il étoit vrai cependant
» qu'en 1694, le bled étant parvenu
» à 89 liv. puis retombé à 84 liv. le
» feptier, on avoit envoyé, le 20
» Juillet, fix Commiffaires au Châ-
» telet dans les Provinces, pour en
» faire arriver à Paris ; qu'ils le firent,
» & que le bled diminua : mais que
» leurs foins n'en furent par la feule
» caufe ; que tous les efforts de la Po-
» lice, depuis dix-huit mois, avoient
» été impuiffants ; que ceux-ci furent
» heureufement fecondés de la récolte
» la plus abondante ; qu'il lui paroif-

» foit que ce fut à la récolte, encore
» plus qu'au voyage des Commiffaires,
» que le fuccès en fut dû, puifqu'en
» 1709, ils n'empêcherent point le
» bled de monter à 86 livres 11 fols
» à Rozoy, & à un prix encore fans
» doute plus haut à Paris, au mois
» d'Octobre, c'eft à-dire, trois mois
» après le départ des Commiffaires
» pour la Province; que la certitude
» de la récolte abondante des mêmes
» grains fit enfuite diminuer le bled
» peu-à-peu, mais qu'il valoit encore,
» au mois de Juillet 1710, 41 livres
» 13 f. 9 den. (1).

» Que d'après ces différents faits,
» il lui étoit difficile de n'être pas

_________________________

(1) M. de C** pouvoit ajouter qu'en
1724, 25 & 26, le bled fut depuis 30 liv.
jufqu'à 51 liv. 18 f.

En 1740 & 1741, depuis 31 liv. jufqu'à
57 liv. 12 fols, le pain à 9 fols la livre pendant plufieurs jours, & à 5 fols pendant un
an prefque entier.

» convaincu de l'inutilité des efforts
» des Magiftrats contre la cherté des
» grains.

» Qu'on ne pouvoit efpérer de vé-
» ritable fecours, que du commerce
» & de la liberté qu'il demandoit ;
» que cette liberté avoit toujours été
» reconnue pour l'ame de tout com-
» merce , & que ce principe étoit
» avoué par ceux-mêmes qui pro-
» pofoient aujourd'hui de lui donner
» des entraves qui l'anéantiroient fans
» reffource.

Ce n'eft pas là un petit fait ifolé comme vous le dites ; c'eft trente-quatre ans fur quatre-vingt-huit.

Je ne portois le renchériffement exceffif qu'à 64 livres ; mais vous voyez, par la taxe des marchés, qu'il a monté dans le temps des prohibitions, à 77 , 80 , 86 , & 97 francs le feptier, mefure de Paris.

Un témoignage auffi refpectable &

auſſi bien circonſtancié que celui de M. de Chavannes, doit vous diſpoſer à nous écouter ſur cet hiſtorique.

Souffrez donc que je vous rappelie un excellent calcul fait par M. Dupont, dans le tome ſeptieme des Ephémérides, année 1770, toujours d'après la même table des marchés.

Il a pris une époque de cent trente cinq années conſécutives, depuis l'année 1610, où mourut Henri IV, & fut déplacé le bon Sully, partiſan de la liberté; juſqu'en 1745.

Il a ſuppoſé qu'une famille de conſommateurs, habitants de la Ville, auroit acheté un ſeptier tous les mois au prix courant; ce ſeroit, ſelon vous, ſix perſonnes à nourrir, & c'eſt un cas fort ordinaire.

Dans les cent quarante cinq années, preſque toutes de prohibitions, il y a eu des variations incroyables; c'eſt-à-dire, des très bas prix, de 9 à 10 liv. monnoie actuelle & des chertés de 60 à 97 liv.

Mais il y a un prix commun & moyen. Quel est il, Monsieur, vous en souvenez-vous : je suis sûr que non.

Combien cette famille de la Ville auroit-elle acheté le septier de bled l'un portant l'autre, compensation faite des bas prix & des chertés.

Avouez, Monsieur, que cette question là est fort importante ; qu'elle mérite bien d'être examinée : qu'elle devoit être la base de votre Ouvrage.

Eh bien, Monsieur, ce prix moyen des cent trente-cinq ans, écoulés depuis la mort d'Henri IV jusqu'en 1745, est ( vous en allez être étonné comme bien d'autres, & vous l'oublierez peut-être comme bien d'autres ) . . . Ce prix commun est . . . tachez de deviner. Celui précisément

( 253 )

de la halle de Paris *, trente-deux
livres quinze fols neuf deniers.*

Ces deux faits là font également
certains ; le premier, que le prix du
marché de Paris n'a pas paffé cette
année 32 livres 10 fols, pour ce qu'on
appelle le bon bled moyen.

Le fecond, que le prix commun
& moyen ; des regnes de Louis XIII,
Louis XIV & Louis XV, jufqu'en
1745, a été 32 livres 16 fols 9 den.
pour chaque feptier, acheté par le
confommateur, l'un portant l'autre.

Il y en a un troifieme également
certain, également important ; c'eft
que fur cent quarante cinq ans, il
n'y en a eu que neuf où le prix ait été
réellement à 32 livres.

Par conféquent, il y a eu cent
trente fix ans de variations ; & fur
ces cent trente-fix, il y en a eu foi-
xante-quatre où les prix ont paffé ces
32 livres 16 fols 9 deniers de notre
monnoie actuelle.

Soixante fur cent trente - fix : ce n'eft pas une année comme vous nous le faite dire : ce n'eft pas là un petit fait incertain & ifolé ; c'eft le véritable état des chofes ; c'eft l'expérience en grand & très grand, autant qu'il foit poffible de la faire.

Je vous engage, Monfieur, à vérifier vous même tous les calculs de M. Dupont, & les fources qu'il indique : cet hiftorique eft fûrement une partie très effentielle qui manque à votre Ouvrage.

Voyez, je vous prie, de quelle modération j'ufois avec vous tout à l'heure ; je ne portois l'aviliffement des prix qui ruine les cultivateurs, les propriétaires, & tout le refte de l'Etat qu'à 16 francs ; & il fut un temps où ils tomberent à neuf ou dix : je ne portois le renchériffement qui ruine les Villes, fans profit pour la campagne, qu'à 60 livres ou environ : vous verrez qu'il fût aux environs de 90 francs.

Calculez, fi vous le pouvez, quels préjudices cauferent alternativement aux Villes & aux Campagnes, ces variations prodigieufes.

Mais, Monfieur, nous ne fommes pas quittes fur ce chapitre du détail hiftorique : vous avez adopté le préjugé populaire, accrédité par nos ennemis, que nous avons pour but le renchériffement du bled pour le confommateur des Villes; vous nous en devez raifon.

Nous fommes dans une nouvelle époque depuis 1754. En cette année, un premier Arrêt du Confeil, rétablit l'antique & primitive liberté du commerce des grains.

On ne doit pas même pardonner au peuple de Paris, de ne faire aucune attention à ce qui fe paffe dans cette même époque ; à plus forte

*

raifon, trouverez-vous jufte & raifonnable que nous reprochions une femblable négligence aux perfonnes inftruites qui raifonnent & qui font des Livres fur cette matiere.

Admettons, fi vous le voulez, que la liberté ait influé fur tout ce qui s'eft paffé depuis 1754 jufqu'en 1775 : voilà vingt-un ans.

Dans cet efpace de temps, nous avons eu quatre mauvaifes récoltes, 1767, 1769, 1770, 1774.

Vous n'êtes pas capable de me difputer le fait très certain & très notoire, que ces quatre récoltes ont été mauvaifes. Outre que vous êtes inftruit & honnête, vous favez bien que quatre années, dans une époque de vingt-un ans, font malheureufement un évenement ordinaire, fur lequel il faut compter.

Nous avons eu des années médiocres fans doute ; c'eft encore la marche

( 273 )

» nom de *monopoleur* à ceux qui abu-
» foient de la *liberté* dans ce genre
« de trafic. » Vous tachez de confirmer cette opinion populaire.

Vons perfiflez dans la page fui-
vante les auteurs, nouveaux qni difent
» que les monopoleurs font ceux qui
» abufoient du *défaut général de li-*
» *berté*, pour fe rendre *feuls acheteurs*
» & *feuls vendeurs*, par un privilege
» exclufif, ou par une permiffion
» fpéciale ».

*Seuls vendeurs*, *feuls acheteurs*,
parcequ'aucun autre n'avoit la permiffion d'acheter dans les lieux fura-
bondants, ni celle de tranfporter dans
ceux où régnoit la difette.

C'eft là, Monfieur, malgré vos
reilleries; ce que fignifie le mot grec
monopoleur : la chofe exiftoit, &
beaucoup trop, non par *l'abus*, comme
vous le dites, mais au contraire par
*le défaut* de *liberté*.

S

Si tout le monde avoit eu , par une loi comme aujourdh'ui , permiſſion *d'acheter* , où étoit le bas prix ; les producteurs auroient mieux vendu. Si tout le monde avoit eu permiſſion de venir *vendre* , où étoit la cherté ; les conſommateurs auroient eu meilleur marché : il n'y auroit eu *monopole* , ni ſur l'achat , ni ſur la vente.

C'eſt une choſe étrange qu'on veuille obſcurcir & défigurer dans notre langue ce mot de *monopoleur* ; & , en vérité , Monſieur , je ne comprends pas pourquoi vous vous attachez auſſi à un pareil projet.

En France , la Ferme générale a le monopole du ſel & du tabac. Les millionnaires de la manufacture de St Gotin , ont le monopole des glaces. Une autre Compagnie a le monopole des poudres & ſalpêtres ; c'eſt le mot & la choſe.

(275)

Moyennant la défenfe générale, établie par *la police des marchés*, & par le refte des Réglements, les *Permiffionnaires* avoient le monopole des bleds. Ils en profitoient comme tous les monopoleurs, pour acheter à t ès bas prix, vendre *très cher*, & faire promptement de grandes fortunes.

A quoi bon, s'il vous plaît, diffimuler cette vérité là. A quoi bon donner au mot monopoleur une fignification, qu'il n'a point, & qu'il ne peut avoir ! A quoi bon équivoquer fur l'opinion populaire, afin d'induire le public en erreur ?

Le peuple regarde tout homme qui fait en grand le commerce des bleds, comme un *monopoleur* : c'eft une *vieille habitude.* En ce fens, elle eft fondée fur la raifon.

C'eft que depuis la mort du bon Henri IV , il n'y a point eu de *liberté* parfaite & permanente ; fi ce n'eft un

S ij

petit essai bien contrarié dans les détails, depuis 1754 jusqu'en 1768.

Dans ce défaut de *liberté générale*, le commerce en grand n'a jamais été fait que par des *Permissionnaires*, & *Monopoleurs*, car c'est la même chose, ou par des *Commissionnaires*, encore plus *monopoleurs*, comme il seroit facile de vous le prouver, si je ne l'avois déja fait, sans replique.

Le peuple François n'a donc vu pratiquer en grand le commerce des bleds que par *monopole*, pendant plus d'un siecle & demi : c'est pourquoi l'idée de *monopoleur*, & celle de *Marchand de bled*, se font identifiés dans la tête : je le répete ; n'est-il pas singulier qu'on veuille obscurcir des idées si naturelles ?

Quant aux *Commissionnaires*, pour le compte du Roi, j'ai détaillé dans les Nouvelles Ephémérides, le caractere de leur monopole, plus dangereux encore que celui des fimples *Permiffionnaires.*

Voilà, Monfieur, où paffoit une paitie des fommes que perdoient alternativement les Villes & les Campagnes : le refte étoit en frais & faux frais, en pertes & gafpillages. Si la *liberté* a beaucoup *d'ennemis*, croyez, Monfieur, que les *Permiffions* & les *Commiffions* en font la caufe.

Mais la liberté n'a-t-elle pas des inconvénients : n'a-t-on point de dangers à craindre de fa part ?

Vous avez été bien affecté de ces queftions : vous avez conçu de grandes allarmes ; il faut les calmer.

Tous vos raifonnements fur le commerce intérieur des bleds, fe réduifent, Monfieur, quand on les examine de près, a une feule & unique fuppofition.

## N°. IV.

*Examen des doutes & des craintes de M. N**. Les propriétaires, les fermiers & les Marchands peuvent-ils faire le mal qu'il semble redouter pour le commerce intérieur ? Ses idées sur l'exportation sont-elles analogues aux autres ? Sont-elles certaines & indubitables ?*

Si l'on accorde *pleine liberté*, peut-être que les Propriétaires, les Fermiers, les Marchands ne voudront pas vendre quand les bleds seront chers : au contraire, ils voudront acheter, garder & transporter.

Tel est, Monsieur, l'épouvantail que vous présentez au peuple des Villes : on aura beau presser toute la troisieme Partie de votre Ouvrage : on en exprimera pas d'autre substance.

Considérons d'abord que c'est là tout au plus un doute, une crainte.

Vous n'oferiez pas dire : » Il eft in-
» dubitable que tous les propriétaires,
» tous les fermiers , tous les petits
» blatiers, tous les gros négociants
» s'accorderont pour ne pas vendre
» de bled quand il fera cher «.

Vous êtes trop fenfé pour articuler
cette propofition comme une vérité
de fait indubitable & démontrée.

Si je vous preffois beaucoup, je
vous ferois avouer, que la majeure
partie des propriétaires & des fermiers
ont befoin de vendre leurs bleds pour
avoir de l'argent.

Si je vous difois : » le plus grand
» nombre de ces fermiers, ainfi que
» des grands & petits propriétaires,
» ne théfaurifent pas, & ceux mêmes
» qu'on appelle *riches*, n'ont com-
» munément qu'une épargne mo-
» dique ou paffagere «. Je ne ferois
que vous copier mot à mot ( *tom.* 2.
*page* 212 ), en ce point comme en

beaucoup d'autres : vous connoiſſez le vrai, vous lui rendrez hommage avec franchiſe.

J'ajoute ſeulement que l'intérêt des propriétaires & des fermiers n'eſt jamais de *théſauriſer ;* leur argent vaut bien mieux en avances fon-cieres ſur le ſol, ou en avances mo-biliaires de culture, que dans un coffre-fort.

Cependant, Monſieur, il faut payer les impôts & la depenſe jour-naliere ; il faut acquitter les pactes de la Ferme. De-là vient, comme vous le devinez fort bien, *le beſoin de vendre.*

Quelques avares ſpéculateurs pou-vant *garder* juſqu'à l'extrémité, ſe déterminent à courir les riſques d'une conſervation trop long-temps prolon-gée. C'eſt là, je crois, tout ce qu'on peut vous accorder de plus favorable.

Mais ce petit nombre d'hommes

cupides ne conferve pas de gros magafins qui coûtent trop de frais, & qui
leur occafionneroient trop de rifques.

Tôt ou tard ils vendent enfin ces
avaticieux mêmes , & fouvent ils
vendent à perte pour eux , c'eft-à dire
à profit pour le confommateur.

Mais à la place de ces petits greniers refferrés,la liberté du commerce
attire , en cas de cherté , premiérement , le commun des Marchands qui
avoient acheté dans le pays même,
au temps où les grains étoient à bon
marché.

Vous conviendrez avec moi , Monfieur que le procédé le plus ordinaire
des négociants eft de vendre le plutôt qu'ils peuvent , dès qu'ils trouvent
un bénéfice affez bon.

La liberté du commerce appelle en
fecond lieu *tous* les bleds des provinces intérieures du Royaume.

Quand on eft certain qu'il n'y a

plus de prohibitions , plus de permiffions particulieres , plus de formalités
& d'exactions, plus de Commiffionnaires pour le Roi qui vendent à
perte exprès pour dérouter & ruiner
les autres Marchands ; on s'empreffe
de porter les grains des pays abondants à ceux qui font dans le befoin.

En troifieme lieu , la liberté parfaite appelle même les grains & les
farines des pays étrangers.

Vous remarquerez enfin , avec
nous , que les caufes de cherté font
moindres dans cet état de liberté , parce que le gros des cultivateurs & des propriétaires , enrichis
par la bonne vente dans les années
d'abondance , fe font fervis de ce
profit , non pour *théfaurifer de l'argent
mort* , ce qui feroit pour eux une folie , mais pour augmenter & améliorer
la culture , ce qui eft une grande fageffe.

( 283 )

Ce refus obſtiné de vendre , même quand les grains ſont chers , n'eſt donc qu'une crainte bien peu réfléchie. Communément parlant , les marchands du lieu , ceux des Provinces du Royaume , ceux qui tirent de l'étranger vendront à l'envi des Propriétaires , des Fermiers , des Seigneurs & des Décimateurs.

Ce n'eſt pas-là , Monſieur , une ſuppoſition ; c'eſt une vérité que la raiſon & l'expérience ne nous permettent guerre de révoquer en doute.

Elle fait peur à la cupidité même des poſſeſſeurs du bled , qui ſeroient tentés de le garder. Le riſque de perdre eſt trop grand & trop manifeſte.

D'ailleurs , Monſieur , le Gouvernement n'a t-il pas un moyen ſimple & facile d'encourager l'arrivée des bleds étrangers dans une Province où l'on ne voudroit pas vendre ; c'eſt d'accorder une bonne récompenſe à

ceux qui les apporteront? Ce remede
ne doit être employé que très rare-
ment , parceque la maladie qui le
rend néceſſaire l'eſt beauconp ; mais
il eſt connu ; vous venez de le voir
mettre en uſage ; quoiqu'on en puiſſe
dire , il a produit ſon effet. Peut-être
même en a t-il eu trop & beaucoup
trop : vous m'entendez , ſans que je
m'explique davantage.

Mais en attendant que les ſecours
arrivent des Provinces voiſines , eſt-il
impoſſible qu'il ſe faſſe des ſpécula-
tions folles? Les auteurs perdront :
la bonne heure. Ils ſeront obligés de
vendre à plus bas prix , au lieu de
vendre plus cher. Mais pendant quelques jours il y aura un renchériſſement conſidérable ; le pauvre ſouffri-
ra , le peuple prendra l'allarme : ne
faut il pas prévenir ce mal & y remé-
dier?

Il le faut, Monſieur, nous ne

ceſſons de le dire depuis dix ans ; le moyen eſt également ſimple , également connu , ſans prohibition , ſans contrainte , ſans approviſionnement d'ordonnance qui enrichiſſe des commiſſionnaires.

Qui eſt ce qui ſouffriroit véritablement d'un petit rénchériſſement occaſionné par de fauſſes meſures des gens avides , qui perdront au lieu de gagner ? Ce ſont les pauvres , parcequ'en pareil cas , ils ne trouvent ni ouvrages , ni ſalaires proportionnés au prix du pain.

Les riches , les hommes occupés & payés aux prix des ſubſiſtances , ne perdent rien , puiſqu'ils trouveront enſuite un meilleur marché proportionnel pour le moins au petit renchériſſement paſſager.

Mais les pauvres qu'on n'occupera point , ou qu'on ne voudra pas payer aſſez pour qu'ils puiſſent vivre ? Eh bien , Monſieur , il faut les faire travailler & les nourrir.

Le Roi n'a t il pas préparé & ordonné par-tout des atteliers & des travaux de charité pour ces cas-là , quelques rares qu'ils puiſſent être ?

Je reviens encore à vous demander pourquoi vous ne faites aucune mention dans votre Ouvrage de ces deux précautions eſſentielles dans le cas de la liberté ? Nous n'avons ceſſé de les rappeller clairement depuis dix ans dans tous les nôtres , & nous avons eu la ſatisfaction de voir adopter par le Gouvernement.

M. Albert , aujourd'hui Lieutenant Général de Police de Paris, propoſa les atteliers de charité ſous le Miniſtere de M d Invaux ; ils viennent d'être multipliés ſous les ordres de M. Turgot.

Un approviſionnement d'ordonnance , fait par commiſſion pour le compte du Roi, qui vend à perte, soulage très peu les pauvres ; mais en récompenfe il fait du bien aux riches, & même il en fait de nouveaux *riches* ; car les commiffionnaires ne manquent jamais d'arranger leurs affaires.

En approvifionnant à perte, on peut diminuer un peu le bled pour tout confommateur, même pour les gens aifés & pour les plus opulents. Mais le pauvre qui n'a ni ouvrage, ni falaires, n'en eft pas plus avancé ; que le pain fe vende trois fols & demi ou trois fols neuf deniers la livre, peu importe à un ménage qui chomme d'occupation, & n'a nulle folde à recevoir.

Le Roi donne donc l'argent de fon Peuple tiré du tréfor royal, encore faut-il payer le droit de commif-fion, & le profit eft pour les gens aifés, non pour les Pauvres.

Profit douteux ; car 1°. s'il y a de la fraude de la part des commiffionnaires, ( & qui feroit affez hardi pour répondre qu'il n'y en aura pas ? ) le Roi perdra, & les confommateurs ne gagneront point.

D'ailleurs fitôt qu'il y a des approvifionnements d'ordonnance, le commerce libre fe retire, & la cherté en eft d'autant plus grande.

Enfin, après l'approvifionnement d'ordonnance il ne refte rien.

Au contraire, par un attelier de charité, l'argent du Roi va tout droit aux pauvres, aux pauvres feuls, fans dangers qu'il foit détourné : le commerce, bien-loin d'être effrayé, eft au contraire encouragé, dès que les pauvres même ont de quoi payer la denrée qu'on apportera. Enfin il refte l'ouvrage fait par les travailleurs, & cet ouvrage vaut leur falaire.

Puifqu'il eft vrai que le Gouvernement actuel, en nous rendant la liberté, annonçoit & préparoit ces

gratifications

gratifications aux importateurs des bleds étrangers dans la Capitale ou dans les Provinces, & ces atteliers de charité pour les pauvres, comme des reſſources contre la cherté ; comment ſe fait-il qu'on n'en trouve pas le moindre mot dans un gros livre, où vous paroiſſez vouloir épuiſer cette matiere ?

Par quel haſard paſſez vous cet article très important ſous le plus profond ſilence, tout de même que le détail hiſtorique des ſoixante-quatre chertés ſurvenues pendant l'empire des reglements, & pendant l'abſence de la liberté, ſans compter celles de 1771, 1772, 1773 & moitié de 1774 ?

L'année derniere ayant été mauvaiſe, & preſque généralement fort mauvaiſe, celle-ci devenant problématique, on a regardé *comme cherté* le prix de 32 francs, qui cependant,

T

comme vous l'avez vu, n'étoit que le *prix moyen* de tout le bled, l'un portant l'autre, pendant les regnes de Louis XIII, Louis XIV & Louis XV, jufqu'en 1745.

Mais on n'a pas eu pour ce renchériffement ( quoiqu'infiniment *diminué par la liberté* ) cette indifférence que vous femblez fuppofer au Gouvernement reftaurateur de la *liberté* : on a pris des précautions, on a pris toutes celles qui peuvent s'accorder avec la liberté.

Qu'il me foit permis d'ajouter encore un mot fur un article qui me paroît toujours de grande importance, malgré les railleries de quelques beaux efprits, malgré le dédain & l'oubli prefque général.

Le foin de perfectionner dans le Royaume la mouture & la boulangerie, fut pris en confidération par M. Bertin, quand il établit la liberté. Le Gouvernement actuel fuivra fans doute les mêmes traces.

Vous pouvez connoître, Monfieur, le bien qui réfulteroit de la perfection de ces deux arts nourriciers. On perd dans plufieurs Provinces du Royaume à-peu-près un cinquieme de la farine & du pain qu'on pourroit tirer de fes bleds.

Un fait certain, c'eft qu'au moyen de fa mouture & de fa boulangerie, le fieur Bucquet vendoit à Paris, à la fin d'Avril & au commencement de Mai, de très beau pain blanc à douze fols & demi les quatre livres ; qu'il débitoit du bon pain de ménage de pur froment, compofé de toutes farines, ( en n'ôtant rien que quarante livres de fon fur le feptier de Paris, pefant deux cents quarante ) & que le prix étoit de dix fols & demi les quatre livres.

Ce pain eft celui des Gentilshommes, des Eccléfiaftiques, des Bourgeois propriétaires & des plus riches

Cultivateurs, dans les trois quarts du Royaume.

Si la liberté hauffe les prix pour le confommateur dans les années abondantes , pour diminuer enfuite la cherté dans les années ftériles , c'eft un grand adouciffement pour la partie du Peuple qui doit acheter fon pain, que d'en diminuer encore la valeur par une meilleure maniere de moudre les grains , d'affortir les farines, & de les employer dans la boulangerie.

Enfin les droits de halles , de marchés , de minages , &c. formoient une charge fur le pain du pauvre Peuple ; vous avez eu la bonté de louer le zele avec lequel je les avois attaqués ; vous n'avez point contefté mes calculs.

Le Gouvernement les détruit, & prend fur lui de dédommager les Seigneurs qui les tiennent à titre patrimonial.

Tous ces moyens de foulager le

( 293 )

Peuple & de diminuer le prix du pain qu'il achete, font compatibles avec la liberté parfaite du Commerce.

Sont-ils ou ne font ils pas plus *efficaces* que les approvifionnements d'ordonnance? Convenez, Monfieur, que ce problême valoit bien la peine d'être examiné; j'ofe vous en demander l'éclairciffement.

Mais faites - moi la grace de lire mon Détail hiftorique fur ces mêmes approvifionnements, imprimé dès le mois de Janvier, dans le premier tome des Nouvelles Ephémérides Economiques ( 1 ).

Je vous protefte, Monfieur, que les faits, bien loin d'être exagérés, y font au contraire fort adoucis. Il m'eft revenu, qu'un des Auteurs de

_______________

(1) On le diftribue féparément fous le titre de Lettres & Mémoires à un Magiftrat du Parlement de Paris, fur l'Arrêt du 13 Septembre 1774.

T iv

ce gafpillage ; juftement flétri par l'é-
quité du Prince & par celle du public, a eu le front de s'en plaindre.
S'il m'avoit été permis de tout dire...
& fi la Juftice........ mais, patience.

Quoiqu'il en foit, Monfieur, voilà
déja deux queftions fondamentales
qui manquent à votre Ouvrage, &
qui vous mettent dans la néceffité de
le refaire.

Mais à la place de ces deux problêmes, dont vous n'avez pas dit un
feul mot, vous employez un tiers de
votre Ouvrage à differter fur le grand
épouvantail du peuple, *l'exportation
des bleds hors du Royaume*, dont il
n'eft pas queftion dans la nouvelle
Loi.

Trouvez bon que, fur cet article,
je me conforme à la prudence du
Gouvernement, qui diffère à s'expliquer fur cette matiere.

( 295 )

Je ne vous difpenferai pas néanmoins , d'une obligation que vous
avez contractée envers le Public, en
joignant vos idées fur cette exportation , avec celles qui compofent votre
troifieme partie. Vous devez nous
inftruire du moyen de les concilier
enfemble.

Quand vous parlez de *l'exportation*,
vous fuppofez que tous les Propriétaires , tous les Cultivateurs , tous les
Marchands , voudront vendre leurs
grains aux Etrangers , fans mefure ni
difcretion , même quand ils feront
devenus rares & chers par conféquent.

Quand vous parlez du commerce
intérieur , vous fuppofez que ces Propriétaires , ces Cultivateurs, ces Marchands , ne voudront plus rien vendre , dans le même cas.

J'en appelle à tout Lecteur de bonne
foi : voilà , Monfieur, l'analyfe de

votre feconde & de votre troifieme partie.

J'avois oui dire, dès le mois de Septembre, à un de vos amis, que votre ouvrage contenoit des *difficultés infol.bles*. Ce font ces termes : je ne le croyois pas alors, je le crois aujourd'hui très fermement.

Les dangers de la liberté, quant au commerce intérieur, viennent de ce que les propriétaires de la denrée refufent toujours trop de vendre, pour augmenter leur empire fur le pauvre peuple.

Les dangers de la liberté, quant au commerce étranger, viennent de ce que les mêmes propriétaires veulent toujours trop vendre.

Ces deux fuppofitions réunies, forment certainement une difficulté que je n'entreprendrai pas de réfoudre, à moins que vous ne commenciez par m'expliquer comment on peut

les concilier & les placer en même-
temps dans fa tête , à côté l'une de
l'autre.

Aux terreurs populaires , que vous
avez cru devoir adopter & confirmer
dans votre ouvrage , faute d'avoir
examiné les deux problèmes , qui font
précifément & uniquement l'état de
la queftion , vous propofez d'appli-
quer , comme excellent reméde , un
nouveau fyftême de légiflation , que
je dois examiner en finiffant. Je ne
ferai pas long dans cette difcuflion.

## N°. V.

*Nouveau fyftême légiflatif , imaginé*
*par M. N. , outre fon inutilité dé-*
*montrée , ce fyftême n'eft il pas*
*évidammet injufte ?*

Je commence , Monfieur , par les
remerciments qui vous font dûs de
la part des Economiftes.

Votre ouvrage eft au fonds une

excellente appologie des nôtres. La plupart de ceux qui l'ont tant *prôné*, feront peut-être, fort étonnés de cette découverte.

Vous convenez qu'il faudroit donner pleine liberté du commerce étranger, quand les bleds font au deffous de vingt francs le feptier.

Vous convenez qu'il faut laiffer là tous les réglemens du commerce intérieur, quand le froment ne paffe pas trente francs.

Eh bien ! Monfieur, quand nous avons réclamé contre les prohibitions de tout commerce étranger, les bleds étoient à 15 liv. & au-deffous.

Quand nous avons infifté pour l'abolition des réglemens fur le commerce intérieur, ils n'étoient qu'à 24 ou 25 francs.

Vous convenez que toutes les Loix faites depuis Henri IV & Sulli, ne valoient rien ; vous en démontrez à merveille toute l'abfurdité : nous avions donc raifon de les attaquer.

Quant à votre fyftême , aucun de nous , il eft vrai , n'avoit eu le ta‧lent de le deviner : nous ne pouvions le combattre avant de le connoître.

Je n'ai pas même deffein de le juger aujourd'hui. Si vous demandez pourquoi , je vous le dirai franchement : j'attends que vous foyez confirmé vous-même dans votre opinion.

Si l'examen des problêmes fondamentaux , que vous avez négligé d'approfondir , vous fait changer d'avis , nous n'aurons plus rien à nous dire. Si vous perfiftez , nous aurons une occafion nouvelle d'entrer en explication ; & c'eft un honneur , dont je ferai toujours très jaloux.

Je me bornne donc à vous propofer encore une de ces idées fimples , que nous répétons fans ceffe , & qu'on fait toujours femblant de ne pas entendre , parcequ'il eſt plus aiſé de paſſer ſous ſilence que de répondre.

Il faudroit au moins de *l'égalité* entre les conditions , qu'on impoſe aux producteurs de la campagne pour leurs grains , & celles qu'on preſcrit aux conſommateurs de la Ville , pour *leur argent.*

Si les gens de la Ville ont beſoin de bled pour vivre , les gens de la Campagne ont beſoin d'argent préciſément pour être en état de faire naître le bled  Quand ils ne payent pas les fermes, les rentes , les impôts , les Ouvriers &  les Marchands , ils ſont pourſuivis , ſaiſis , empoiſonnés , ruinés , eux &  leur culture.

L'argent néceſſaire aux cultivateurs eſt donc , ſi j'oſe ainſi parler , *la néceſſité de la néceſſité.*

D'après cette propoſition claire &  très indubitable , nous propoſons un cartel à cette foule de légiſlateurs , qu'on trouve par-tout. Car chacun a , dans fa tête , une loi toute prête fur le commerce des grains.

Nous leur difons, faites votre loi fur les *grains* des producteurs de la campagne , en faveur de ceux qui les achetent.

Mais nous mettrons au revers une loi toute pareille fur l'argent des confommateurs de la Ville.

Si vous établiffez qu'on ira prendre un état exact du grain qui fe trouve dans les granges , établiffez qu'on prendra celui de l'argent qui fe trouve dans les bourfes & les coffres forts.

Si vous *forcez* les producteurs à venir *expofer* tour à-tour leurs grains dans les marchés , forcez les capitaliftes à *expofer* leur argent.

S'il y a un droit de halle du trentieme ou quarantieme , ou de telle autre quotité , faites qu'on en prenne la moitié fur le grain , & la moitié fur l'argent, qui feront *expofés*.

Si les grains, une fois entrés au marché, n'en peuvent plus fortir, que l'argent foit dans le même cas.

Si vous obligez, après la troifieme expofition, le propriétaire du bled à le donner pour la fomme d'argent qu'on en offre, obligez le propriétaire d'argent, à la troifieme expofition, de donner fon fac pour la quantité de grains qu'on veut lui donner.

Telle eft, Monfieur, la conduite qu'il faut tenir pour n'avoir pas deux poids & deux mefures; l'agriculture & l'induftrie des autres arts, fuffent-elles deux fœurs, comme vous le croyez : à plus forte raifon, fi l'une eft la mere & l'autre la fille, comme nous en fommes perfuadés.

Ce principe feul paroît condamner votre légiflation.

Quand les bleds font rares & chers,

vous voulez qu'on force les propriétaires & les cultivateurs à venir les
apporter aux confommateurs qui en
ont befoin. Vous excluez tous les autres acheteurs, & vous admettez pour
tempérer encore mieux l'empire des
producteurs, quelques *honnêtes commiffionnaires* pour le Roi.

Ce n'eft pas-là ce que je difpute en
ce moment ; mais quand les bleds
font trop communs & à trop bas prix,
alors c'eft l'argent qui eft trop rare &
trop cher pour les producteurs de la
campagne qui en ont befoin.

Vous devriez donc obliger, à leur
tour, les gens de la ville à venir apporter leur argent aux producteurs de la
campagne. Vous devriez donc écarter
la concurrence des autres qui voudroient recevoir cet argent. Vous devriez donc établir quelque forte de
commiffion royale pour donner cet
argent, à de bonnes conditions, aux
producteurs des grains.

Je vois qu'au lieu de ces soins là ; vous leur dites tout bonnement, tâchez de vendre vos grains aux Etrangers, & tirez-vous d'affaire comme vous pourrez.

Voilà certainement les deux poids & les deux mesures : vous ne traitez pas également les deux sœurs. Quand vous les supposeriez sœurs jumelles, au moins l'agriculture seroit elle l'aînée, & c'est elle que vous disgraciez.

On voit même que vous avez regret au peu que vous faites pour elle.

Vous ne permettez pas d'exporter les bleds, mais seulement les farines ; vous le savez bien, on ne peut exporter que les plus belles & du meilleur bled, encore ce commerce est-il très dangereux, parceque les farines s'alterent très facilement, & ne peuvent plus se rétablir ; au lieu que le bled se transporte à pleins navires, se gâte beaucoup moins, se rétablit très

bien

bien au moyen du crible & de l'é-
tuve.

Votre arrangement de farines eſt
donc dans le fait la maniere de re-
tirer d'une main ce que vous avez l'air
de donner de l'autre. Les agriculteurs
rêvent un peu plus creux que les gens
de la ville, je vous en préviens ; ils
ne feront pas dupes de vos ſubtilités
ſoi-diſant politiques.

Tenez, Monſieur, il n'y a qu'un
mot qui ſerve, comme diſent les
bonnes gens ; *vous ſacrifiez la mere à
la fille :* voilà tout votre ouvrage.

Nous l'aimons beaucoup, nous
autres *Economiſtes*, cette fille de
l'agriculture, cette induſtrie du
commerce, des manufactures & de
tous les arts ; elle eſt très utile, très
agréable ; nous ne ceſſons de le
répéter : mais c'eſt par amour pour
elle que nous chériſſons principalement ſa mere ; l'*agriculture*, qui jour-

V

nellement lui donne la naiſſance, &
qui la nourrit ſans ceſſe.

Cette fille là n'eſt *jamais ſevrée*,
Monſieur ; elle a toujours beſoin des
mamelles de ſa mere. C'eſt le ſens
profond de cet antique ſymbole de
Cibelle mere des Dieux, & des Gé-
nïes attachés à ſon ſein.

*Enfants*, ne faites pas mourir d'ina-
nition vos *nourrices* : voilà, Monſieur, toute la *ſcience économique* ; &
je crois un arrêt irrévocable de la
ſaine raiſon contre tous les *ſyſtê*
*de Colbert*, indignes d'un ſuffrage
que le vôtre.

**F I N.**

9 782329 497600